Sacré-Cœur

ONTMARTRE   Gare du Nord

La Villette

Gare de l'Est

Parc des Buttes-Chaumont

Canal St-Martin

Place de la République

ée du vre

Forum des Halles

Centre Georges Pompidou

Notre-Dame

lle de la Cité

QUARTIER DU MARAIS

Cimetière du Père-Lachaise

des-Prés

Bd. St-Germain   Ile St-Louis   Bd. Henri IV

Sorbonne

Opéra Bastille

Bd. Diderot

Place de la Nation

rg

Panthéon   Institut du Monde Arabe   Gare de Lyon

Jardin des Plantes   Ministère des Finances

QUARTIER LATIN

Montparnasse   Gare d'Austerlitz

Palais Omnisport de Paris-Bercy

Place d'Italie

Bois de Vincennes

Bibliothèque Nationale

Parc Montsouris

Seine

aire

# La Tour

*Grammaire française de base et conversation*

Toshihiro Yamaguchi
Hiroshi Notsu
Geoffroy de Pontbriand

Surugadai-shuppansha

## 音声について

本書の音声は，下記サイトより無料でダウンロード，およびストリーミングでお聴きいただけます．

https://stream.e-surugadai.com/books/isbn978-4-411-01491-7/

弊社 HP から『ラ・トゥール』を検索し，「音声無料ダウンロード＆ストリーミング専用サイトはこちら」からも同ページにアクセスできます．

**＊ご注意**
- PC からでも，iPhone や Android のスマートフォンからでも音声を再生いただけます．
- 音声は何度でもダウンロード・再生いただくことができます．
- 当音声ファイルのデータにかかる著作権・その他の権利は駿河台出版社に帰属します．無断での複製・公衆送信・転載は禁止されています．

# はしがき

『La Tour（ラ・トゥール）─フランス語初級文法と会話』は，フランス語を初歩から勉強する方々を対象としたテキストです．初級文法を正しく理解し身につけていただくために，実用的な例文を豊富にとり上げ，フランス語会話に親しんでいただくために対話（dialogue）を盛り込みました．

全12課（leçon），各課4ページの構成です．課によってはより多くの時間が必要になることも想定して，全体で前期・後期各15週の授業時間に対応できるよう配慮しています．

●各課の基本的な構成は以下の通りです．
・1ページ目／文法（grammaire）
・2ページ目／練習問題（exercices）
・3ページ目／対話（dialogue），文法
・4ページ目／練習問題

原則として，練習問題の後には聴き取り問題（dictée）をもうけています．その他，語彙（vocabulaire）や慣用表現など（♣印）を補足として載せました．

分量的にすべてを消化することが難しそうであれば，語彙や練習問題を取捨選択して授業進度を調整して下さい．

●発音（prononciation）の規則はテキストの冒頭にまとめてあります．アルファベ以外は必ずしもここから始める必要はありません．自己紹介やあいさつの表現も含めて，先生方の判断で必要と思われる段階で使って下さい．

●本文に収められなかった内容は巻末補遺（appendice）に記載しています．

●Dialogue の登場人物は，パリに留学している日本人学生 Ryoko と Akira と，彼らの友達であるフランス人カップル Isabelle と Julien の4人です（Isabelle と Julien は一緒に暮らしているという設定です）．

●音声には，本文中の例文，会話，動詞活用，聴き取り問題が収録されています．

『La Tour』が，エッフェル塔のように，一人でも多くのフランス語を学ぶ人たちから親しまれることを切に願っています．

なお，本書の内容に関してお気づきの点やご意見・ご批判等がございましたら，編集部までお寄せいただければ幸いです．

最後に，素敵なイラストを描いて下さった廉善恵さん，録音に協力していただいた Léna Giunta さんと Sylvain Detey さんに，心から感謝いたします．

著者一同

# TABLE DES MATIÈRES
## 目次

**Prononciation** ———————————————————————————— 4

アルファベ　　フランス語の母音　　綴り字記号　　句読記号
発音の規則 (1)　　発音の規則 (2)　　綴り字と発音　　フランス人の名前
自己紹介　　あいさつ　　別れのあいさつ

## LEÇON 1 ———————————————————————————————— 10

1. 名詞の性と数　　2. 不定冠詞　　3. 定冠詞

Dialogue 1 : *Au café* —————————————————————————— 12

1. c'est, ce sont　　2. voici, voilà　　3. il y a　　4. 場所を表す前置詞

## LEÇON 2 ———————————————————————————————— 14

1. 主語人称代名詞　　2. 動詞 être の直説法現在　　3. 否定文

Dialogue 2 : *Au guichet du théâtre* ————————————————————— 16

1. 部分冠詞　　2. 動詞 avoir の直説法現在　　3. 否定の de

## LEÇON 3 ———————————————————————————————— 18

1. 形容詞の性・数一致と位置　　2. 形容詞の女性形
3. 男性第 2 形をもつ形容詞

Dialogue 3 : *Photo de famille* ———————————————————————— 20

1. 指示形容詞　　2. 所有形容詞

## LEÇON 4 ———————————————————————————————— 22

1. -er 動詞（第 1 群規則動詞）の直説法現在
2. 疑問文　　3. -ir 動詞（第 2 群規則動詞）の直説法現在

Dialogue 4 : *Match de foot à la télé* ———————————————————— 24

1. 疑問形容詞　　2. 疑問代名詞　　3. 時刻の表現

## LEÇON 5 ———————————————————————————————— 26

1. 動詞 aller, venir の直説法現在　　2. 前置詞 à, de と定冠詞の縮約
3. 国名と前置詞　　4. 近接未来と近接過去

Dialogue 5 : *Il fait beau aujourd'hui !* ——————————————————— 28

1. 動詞 faire, prendre の直説法現在　　2. 天候の表現
3. 人称代名詞強勢形　　4. 否定疑問文

**2**
*deux*

## LEÇON 6 —————————————————————————— 30

1. 疑問副詞　　2. 数量副詞　　3. 中性代名詞 en

Dialogue 6 : *Tu vois combien de films ?* ———————————————— 32

1. 非人称構文　　2. さまざまな否定表現 (1) ne…rien, ne…personne

## LEÇON 7 —————————————————————————— 34

1. 指示代名詞　　2. 比較級・最上級

Dialogue 7 : *Au musée d'Orsay* ————————————————————— 36

1. 補語人称代名詞　　2. 命令法

## LEÇON 8 —————————————————————————— 38

1. 代名動詞　　2. 代名動詞の種類　　3. 代名動詞の命令法

Dialogue 8 : *Que feras-tu ce soir ?* ——————————————————— 40

直説法単純未来

## LEÇON 9 —————————————————————————— 42

1. 直説法複合過去　　2. 中性代名詞 y

*Le journal d'Akira* ———————————————————————————— 44

1. 直説法半過去　　2. 直説法大過去

## LEÇON 10 ————————————————————————— 46

1. 関係代名詞　　2. 強調構文　　3. 過去分詞の一致

Dialogue 10 : *Promenade nocturne* ————————————————— 48

1. 受動態　　2. さまざまな否定表現 (2) ne…que, ne…plus

## LEÇON 11 ————————————————————————— 50

1. 条件法現在　　2. 条件法過去　　3. さまざまな否定表現 (3) ne…jamais

Dialogue 11 : *Si j'étais toi…* —————————————————————— 52

1. 現在分詞　　2. ジェロンディフ　　3. さまざまな否定表現 (4) aucun(e), sans

## LEÇON 12 ————————————————————————— 54

1. 接続法現在

Dialogue 12 : *Allons-y !* ——————————————————————— 56

1. 接続法過去　　2. 使役動詞・知覚動詞

## Appendice —————————————————————————— 58

# Prononciation

## 🔊 2 アルファベ alphabet

| | | | | | | | | | | | |
|---|---|---|---|---|---|---|---|---|---|---|---|
| A | a | [ɑ] | H | h | [aʃ] | O | o | [o] | V | v | [ve] |
| B | b | [be] | I | i | [i] | P | p | [pe] | W | w | [dubləve] |
| C | c | [se] | J | j | [ʒi] | Q | q | [ky] | X | x | [iks] |
| D | d | [de] | K | k | [kɑ] | R | r | [ɛːr] | Y | y | [igrɛk] |
| E | e | [ə] | L | l | [ɛl] | S | s | [ɛs] | Z | z | [zɛd] |
| F | f | [ɛf] | M | m | [ɛm] | T | t | [te] | | | |
| G | g | [ʒe] | N | n | [ɛn] | U | u | [y] | | | |

## 🔊 3 フランス語の母音 voyelles

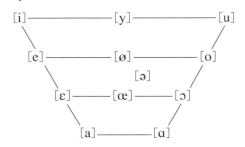

## 綴り字記号 accents et diacritiques

′ アクサン・テギュ accent aigu　　　　　　　é　　　　époque musée
` アクサン・グラーヴ accent grave　　　　　　à è ù　　voilà frère où
^ アクサン・スィルコンフレクス accent circonflexe　â ê î ô û　âne rêve île
¨ トレマ tréma　　　　　　　　　　　　　　ë ï ü　　Noël païen
¸ セディーユ cédille　　　　　　　　　　　　ç　　　　ça façon

## 句読記号 signes de ponctuation

' (アポストロフ apostrophe)　　, (ヴィルギュル virgule)　. (ポワン point)
- (トレ・デュニオン trait d'union)　(ex.) après-midi

## 🔊 4 ★略号を発音してみよう.

EDF （フランス電力公社）　　GDF （フランス・ガス公社）　　HLM （低家賃集合住宅）
TGV （高速鉄道）　　　　　　SNCF （フランス国有鉄道）　　　RER （地域急行鉄道網）
RATP （パリ交通公団）　　　　USB　　　　　　　　　　　　　BD （漫画）

🔊 5　　🔵　**発音の規則（1）**

1)　語末の子音字は原則として発音しない.

Pari**s**　　chocola**t**　　Gran**d** Pri**x**　　spor**t**　　Jésu**s**-Chris**t**

*ただし, 語末が c, f, l, r のときは発音することが多い.

la**c**　　che**f**　　cana**l**　　me**r**

2)　h は発音しない.

**h**ôpital　　**h**aute couture　　**h**ors d'œuvre　　Victor **H**ugo　　La Bo**h**ême

*ただし, h には「無音の h」と「有音の h」の二種類があり, 発音上・表記上の違いがある（下記参照）.

🔊 6　　🔵　**発音の規則（2）**

1)　母音字や「無音の h」で始まる単語には以下のような規則がある.

**① リエゾン liaison**

単独では発音しない語末の子音字を, 次の語の母音と続けて発音する.

*このとき d は [t], s, x は [z] の発音になる.

un‿arbre [œ̃narbr]　　un‿hôtel [œ̃notɛl]　　un grand‿arbre [œ̃grɑ̃tarbr]

des‿amis [dezami]　　vous‿êtes [vuzɛt]　　deux‿heures [døzœr]

**② アンシェヌマン enchaînement**

もともと発音される語末の子音字を, 次の語の母音と続けて発音する.

une⌒adresse [ynadrɛs]　　une⌒histoire [ynistwaːr]　　il⌒est [ilɛ]　　il⌒y⌒a [ilja]

**③ エリズィヨン élision** （母音字省略）

ce, de, je, le, la, me, ne, que, se, te は, 後ろに母音や無音の h で始まる語がくると, 語末の母音字（e, a）が落ちて c', d', j', l', l', m', n', qu', s', t' となる.

l'avion　　l'école　　l'Arc de Triomphe　　l'hôtel　　la Côte d'Azur

ce + est → c'est　　　　je + ai → j'ai　　　　que + il → qu'il

2)　無音の h（h muet）と有音の h（h aspiré）

無音の h は母音と同じようにリエゾン, アンシェヌマン, エリズィヨンをする. 有音の h はしない.

|  | 無音の h | 有音の h | 無音の h | 有音の h |
|---|---|---|---|---|
| リエゾン | un‿homme | ⇔ un / héros | des‿hommes | ⇔ des / héros |
| アンシェヌマン | une⌒histoire | ⇔ une / honte | il⌒habite | ⇔ il / hait |
| エリズィヨン | l'homme | ⇔ le héros | l'harmonie | ⇔ la harpe |

**5**

*cinq*

🔊7  ● 綴り字と発音 orthographe et prononciation

1) 単独母音 voyelles simples

| | | | |
|---|---|---|---|
| **a, à, â** | [a] [ɑ] | Paris [pari]　**là** [la] そこに(で)　**âme** [ɑ:m] 魂 |
| **i, î** | [i] | **idole** [idɔl] 偶像　**ici** [isi] ここに(で)　**île** [il] 島 |
| **y** | [i] | (母音として使われる場合)　**Yves** [iv] イヴ |
| | | **Vichy** [viʃi] ヴィシー |
| **o, ô** | [o] [ɔ] | **tôt** [to] 早く　**ordinateur** [ɔrdinatœ:r] コンピュータ |
| **u, û** | [y] | **Ulysse** [ylis] オデュッセウス　**mûr** [my:r] 熟れた |
| **é** | [e] | **élégie** [eleʒi] 悲歌, エレジー　**été** [ete] 夏 |
| **è, ê, ë** | [ɛ] | **bière** [bjɛ:r] ビール　**même** [mɛm] 同じ |
| | | **Noël** [nɔɛl] クリスマス |
| **e** | [ə] [無音] | (音節の末尾)　**menu** [məny] 定食 |
| | | **mademoiselle** [mad(ə)mwazɛl] マドモアゼル |
| **e** | [無音] | (単語の末尾)　**tête** [tɛt] 頭　**elle** [ɛl] 彼女 |
| **e** | [e] [ɛ] | (それ以外)　**les** [le]　**cette** [sɛt] |

🔊8  2) 複合母音 voyelles composées

| | | | |
|---|---|---|---|
| **ai** | [e] [ɛ] | **aigu** [egy] 鋭い　**air** [ɛ:r] 空気 |
| **ei** | [ɛ] | **Seine** [sɛn] セーヌ川 |
| **au, eau** | [o] [ɔ] | **Paul** [pɔl] ポール　**eau** [o] 水 |
| | | **beaujolais** [boʒɔlɛ] ボジョレー地方の |
| **eu, œu** | [ø] [œ] | **Europe** [ørɔp] ヨーロッパ　**vœu** [vø] 祈願 |
| | | **seul** [sœl] ひとりの　**sœur** [sœ:r] 姉妹 |
| **oi** | [wa] | **oiseau** [wazo] 鳥　**loi** [lwa] 法律 |
| **ou** | [u] | **soupe** [sup] スープ　**Moscou** [mɔsku] モスクワ |
| **ail**(**le**) | [aj] [ɑ:j] | **travail** [travaj] 仕事　**bataille** [batɑ:j] 戦争 |
| | | *cf.* **aile** [ɛl] つばさ |
| **eil**(**le**) | [ɛj] | **soleil** [sɔlɛj] 太陽　**abeille** [abɛj] ミツバチ |
| | | *cf.* **accueil** [akœj] もてなし |
| **euil**(**le**) | [œj] | **fauteuil** [fotœj] 肘掛け椅子　**feuille** [fœj] 葉 |
| **ill**(**e**) | [ij] | **billet** [bijɛ] 切符　**famille** [famij] 家族 |
| | | *cf.* **ville** [vil] 都市・町 |

**6**
*six*

🔊 9  3) 鼻母音 voyelles nasales

**am, an**  [ɑ̃]  Champs-Élysées [ʃɑ̃zelize] シャンゼリゼ
France [frɑ̃:s] フランス

**em, en**  emblème [ɑ̃blɛm] 紋章  ensemble [ɑ̃sɑ̃bl] 一緒に

**im, in**  [ɛ̃]  impossible [ɛ̃pɔsibl] 不可能な  matin [matɛ̃] 朝

**ym, yn**  sympathie [sɛ̃pati] 共感  syndicat [sɛ̃dika] 組合

**aim, ain**  faim [fɛ̃] 空腹  main [mɛ̃] 手

**eim, ein**  Reims [rɛ̃:s] ランス  éteindre [etɛ̃:dr] 消す

**um, un**  [œ̃]  parfum [parfœ̃] 香水  brun [brœ̃] 褐色の
*cf.* album [albɔm] アルバム  rhum [rɔm] ラム

**om, on**  [ɔ̃]  nom [nɔ̃] 名前  monde [mɔ̃:d] 世界

🔊 10  4) 半母音 semi-voyelles

**ay** + 母音  [ɛj]  rayon [rɛjɔ̃] 光線  payant [pɛjɑ̃] 有料の

**oy** + 母音  [waj]  moyen [mwajɛ̃] 手段  envoyer [ɑ̃vwaje] 送る

**ou** + 母音  [w]  Louis [lwi] ルイ  douane [dwan] 税関

**i** + 母音  [j]  chien [ʃjɛ̃] 犬  Vienne [vjɛn] ウィーン
libération [liberɑsjɔ̃] 解放  amitié [amitje] 友情

**u** + 母音  [ɥ]  biscuit [biskɥi] ビスケット  huit [ɥi(t)] 8

🔊 11  5) 子音字 consonnes

**c** [k]  (ca, co, cu)  caméra [kamera] ビデオカメラ  contre [kɔ̃tr] 反対して
occuper [ɔkype] 占拠する

**c** [s]  (ce, ci, cy)  centre [sɑ̃:tr] 中心  espace [ɛspas] 空間
cinéma [sinema] 映画(館)  bicyclette [bisiklɛt] 自転車

**ç** [s]  français [frɑ̃sɛ] フランス(人・語)の  leçon [l(ə)sɔ̃] レッスン

**g** [g]  (ga, go, gu)  garçon [garsɔ̃] 少年  gomme [gɔm] 消しゴム
catalogue [katalɔg] カタログ

**g** [ʒ]  (ge, gi, gy)  âge [ɑ:ʒ] 年齢・時代  gitane [ʒitan] ジターヌ (フランス
の煙草)  gymnastique [ʒimnastik] 体操・体育

**s** [s]  sucre [sykr] 砂糖  poisson [pwasɔ̃] 魚

**s** [z]  (母音 + s + 母音) chose [ʃo:z] もの  poison [pwazɔ̃] 毒

**7**
*sept*

| | | |
|---|---|---|
| **ch** | [ʃ] | **ch**ance [ʃɑ̃ːs] 運　**ch**er**ch**er [ʃɛrʃe] 探す |
| | | *cf.* Ba**ch** [bak] バッハ　**ch**rétien [kretjɛ̃] キリスト教（徒）の |
| **gn** | [ɲ] | champa**gn**e [ʃɑ̃paɲ] シャンパン　rossi**gn**ol [rɔsiɲɔl] ナイチンゲール |
| **th** | [t] | ma**th**ématique [matematik] 数学　**th**on [tɔ̃] マグロ |
| **ph** | [f] | **ph**oto [fɔto] 写真　**ph**iloso**ph**e [filɔzɔf] 哲学者 |
| **qu** | [k] | **qu**alité [kalite] 質　asiati**qu**e [azjatik] アジアの |
| **tion** | [sjɔ̃] | atten**tion** [atɑ̃sjɔ̃] 注意　civilisa**tion** [sivilizɑsjɔ̃] 文明 |
| **stion** | [stjɔ̃] | que**stion** [kɛstjɔ̃] 質問 |

🔊 12　🔵 **フランス人の名前** (prénoms)

男性の名前

| | | | | | | |
|---|---|---|---|---|---|---|
| Alain | André | Benoît | Bernard | Charles | Claude | Clément |
| Denis | Émile | Étienne | Eugène | Fabien | Fabrice | François |
| Frédéric | Gérard | Georges | Geoffroy | Guillaume | Henri | Hippolyte |
| Jacques | Jean | Jérôme | Jules | Julien | Lucien | Louis |
| Marc | Marcel | Martin | Maurice | Michel | Nicolas | Olivier |
| Pascal | Patrice | Paul | Philippe | Pierre | Quentin | Raphaël |
| Robert | Romain | Serge | Thomas | Vincent | Xavier | Yves |

＊他に Jean-Luc, Jean-Pierre, Jean-Marie など複合名も.

女性の名前

| | | | | | | |
|---|---|---|---|---|---|---|
| Adèle | Anne | Béatrice | Brigitte | Camille | Catherine | Cécile |
| Chantal | Charlotte | Christine | Claire | Constance | Danielle | Delphine |
| Dominique | Édith | Emanuelle | Emma | Fleur | Florence | Françoise |
| Geneviève | Hélène | Isabelle | Jeanne | Judith | Julie | Juliette |
| Laurence | Louise | Madeleine | Marguerite | Marianne | Marie | Marthe |
| Martine | Mathilde | Mireille | Nathalie | Nicole | Patricia | Pauline |
| Sabine | Simone | Sophie | Sylvie | Thérèse | Virginie | Viviane |

＊他に Anne-Marie, Marie-Noëlle など複合名も.

**8**
*huit*

🔊 13 ● 自己紹介

Akira: Bonjour. Je m'appelle Akira Kobayashi.
Je suis japonais.
Enchanté.

Isabelle: Bonjour. Je me présente: Isabelle Hugo.
Je suis française.
Enchantée.

Julien: Comment vous appelez-vous ?
Ryoko: Je m'appelle Ryoko Murakami. Et vous ?
Julien: Je m'appelle Julien Duris.

🔊 14 ● あいさつ

A: Bonjour Monsieur.
Comment allez-vous ?
B: Je vais bien, merci. Et vous ?
A: Très bien, merci.

A: Salut! Ça va ?
B: Oui, ça va, merci. Et toi ?
A: Ça va.

● 別れのあいさつ

A: Au revoir Madame.　　　Isabelle: Salut Akira.
B: Au revoir Monsieur.　　　Akira: Salut Isabelle. À demain.

♣その他のあいさつ
Bonsoir.　　Bonne nuit.　　Bonne journée.
Bon après-midi.　　Bonne soirée.　　Bon week-end.
À tout à l'heure.　　À bientôt.　　À lundi.　　À la prochaine fois.

♣お礼を言う
Merci.　　Merci beaucoup.　　Je vous remercie.
— Je vous en prie.　　De rien.　　Il n'y a pas de quoi.

♣あやまる
Pardon.　　Excusez-moi.　　Je suis désolé(e).
— Ce n'est pas grave.　　Ça ne fait rien.

# Leçon 1

## GRAMMAIRE

🔊 15 **① 名詞の性と数**

フランス語の名詞には，男性名詞（*m.*）と女性名詞（*f.*）がある．

男性名詞　homme　garçon　livre　arbre　hôtel
女性名詞　femme　fille　chaise　fleur　école

原則として，名詞の単数形（*s.*）の語尾に **s** をつけると複数形（*pl.*）になる．

homme → homme*s*　　　femme → femme*s*
＊複数形を表すこの語末の s は発音しない．

**② 不定冠詞**

不定冠詞は名詞の性・数に応じて三種類ある．

|  | *s.*（単数） | *pl.*（複数） |
|---|---|---|
| *m.*（男性） | **un** | **des** |
| *f.*（女性） | **une** | |

*un* garçon　　　*des* garçons　　　*un*‿arbre　　　*des*‿arbres
*une* chaise　　　*des* chaises　　　*une*͡école　　　*des*‿écoles
*un*‿homme　　　*des*‿hommes　　　*une*͡histoire　　　*des*‿histoires

**③ 定冠詞**

定冠詞は名詞の性・数に応じて三種類ある．

|  | *s.*（単数） | *pl.*（複数） |
|---|---|---|
| *m.*（男性） | **le (l')** | **les** |
| *f.*（女性） | **la (l')** | |

*le* garçon　　　*les* garçons　　　*la* chaise　　　*les* chaises
*l'* arbre　　　*les*‿arbres　　　*l'* école　　　*les*‿écoles
*l'* hôtel　　　*les*‿hôtels

🔊 16　Vocabulaire ·······························································································
　　1 un (une)　　2 deux　　3 trois　　4 quatre　　5 cinq
　　6 six　　7 sept　　8 huit　　9 neuf　　10 dix

🔊 17　★数詞に続けて他の単語を発音してみよう.

　　　une chaise　　deux chaises　　trois chaises　　quatre chaises　　cinq chaises*

　　　six chaises　　sept chaises　　huit chaises　　neuf chaises　　dix chaises

　　　＊six, huit, dix の語末は子音や有音の h の前では発音されない (cinq の語末は会話では発音
　　　　されることが多い).

　　　un euro　　deux euros　　trois euros　　quatre euros　　cinq euros

　　　six euros　　sept euros　　huit euros　　neuf euros [nœføro]　dix euros

## EXERCICES ···································································································

① (　　　) に不定冠詞を書き入れ, 下線部に意味を書きなさい.
　(1) (　　　) dictionnaire ＿＿＿＿＿　　(2) (　　　) cahiers ＿＿＿＿＿
　(3) (　　　) stylos ＿＿＿＿＿　　　　　(4) (　　　) crayon ＿＿＿＿＿
　(5) (　　　) maison ＿＿＿＿＿　　　　(6) (　　　) appartement ＿＿＿＿＿
　(7) (　　　) avions ＿＿＿＿＿　　　　(8) (　　　) voiture ＿＿＿＿＿
　(9) (　　　) église ＿＿＿＿＿　　　　(10) (　　　) cathédrale ＿＿＿＿＿

② (　　　) に定冠詞を書き入れなさい.
　(1) (　　　) dictionnaire　　　　　　(2) (　　　) cahier
　(3) (　　　) stylo　　　　　　　　　(4) (　　　) crayons
　(5) (　　　) maisons　　　　　　　　(6) (　　　) appartement
　(7) (　　　) avion　　　　　　　　　(8) (　　　) voitures
　(9) (　　　) églises　　　　　　　　(10) (　　　) cathédrale

🔊 18　## DICTÉE ······························································································

音声を聴いて不定冠詞または定冠詞を (　　　) に書き入れなさい.
　(1) (　　　) hôtel　　　　　　　　　(2) (　　　) homme
　(3) (　　　) livre　　　　　　　　　(4) (　　　) hommes
　(5) (　　　) école　　　　　　　　　(6) (　　　) arbres

**19**

## Dialogue 1 : Au café

Le garçon: Bonjour. Voici la carte.

Ryoko: Bonjour. Une salade et un café, s'il vous plaît.

Le garçon: Oui. Et pour Monsieur ?

Akira: Euh… il y a des pizzas ?

Le garçon: Non. Je suis désolé.

Akira: Alors, un croque-monsieur et un demi, s'il vous plaît.

Le garçon: Très bien.

**20** GRAMMAIRE ·······························

① **c'est＋単数名詞， ce sont＋複数名詞**

C'est un studio. C'est le studio de Pierre.

C'est une maison. C'est la maison de M. Renoir.

Ce sont des chiens. Ce sont les chiens de M$^{me}$ Dumas.

② **voici, voilà＋単数・複数名詞**

C'est une carte postale de Paris ; voici la tour Eiffel, et voilà la Seine.

Voici la *Joconde*.　　Voici l'Opéra Garnier.

Voilà Marie.　　　Voilà un taxi.

Un billet **pour** Paris, s'il vous plaît. — Voilà, Mademoiselle.

③ **il y a**

Il y a un problème.

Il y a une grève.

Il y a encore des places?

④ **場所を表す前置詞**

Il y a trois assiettes **sur** la table.

Attention! Il y a un chat **sous** la voiture.

Il y a des fruits **dans** le frigo?

Il y a une pharmacie **devant** l'hôpital.

**Derrière** le théâtre, il y a une brasserie.

Vocabulaire ··········································································
carte (*f.*) メニュー　menu (*m.*) 定食　boisson (*f.*) 飲物　plat (*m.*) 料理
dessert (*m.*) デザート　thé (*m.*) 紅茶　jus (*m.*) d'orange オレンジ・ジュース
pression (*f.*) 生ビール　eau (*f.*) minérale ミネラル・ウォーター　pain (*m.*) パン
baguette (*f.*) バゲット　croissant (*m.*) クロワッサン　quiche (*f.*) キッシュ
omelette (*f.*) オムレツ　glace (*f.*) アイスクリーム　frites (*pl.*) フライドポテト
verre (*m.*) グラス　assiette (*f.*) 皿　couteau (*m.*) ナイフ　fourchette (*f.*) フォーク

# EXERCICES ·······················································································

① (　　　) に不定冠詞を入れて，「これ (ら) は～です」という文をつくりなさい.

(1) _____ (　　　) comédien.

(2) _____ (　　　) comédienne.

(3) _____ (　　　) comédiens.

(4) _____ (　　　) comédiennes.

② 単数形は複数形に，複数形は単数形に変えて，全文を書き換えなさい.

(1) C'est un garçon.　　_____

(2) Ce sont des filles.　　_____

(3) Ce sont des croissants.　　_____

🔊 21 # DICTÉE ·······················································································

音声を聴いて，(　　) に不定冠詞を，〔　　〕に定冠詞を書き入れなさい.

(1) C'est (　　　) portable.　C'est 〔　　　〕 portable de Jean.

(2) Ce sont (　　　) sacs.　Ce sont 〔　　　〕 sacs de Jeanne.

(3) Il y a (　　　) parapluie dans la voiture.　C'est 〔　　　〕 parapluie de Catherine.

(4) Il y a (　　　) valise sous le lit.　C'est 〔　　　〕 valise d'Hélène.

(5) Il y a (　　　) appareil photo sur le bureau.　C'est 〔　　　〕 appareil de Sylvain.

🔊 22 Vocabulaire ··········································································
11 onze　　12 douze　　13 treize　　14 quatorze　　15 quinze
16 seize　　17 dix-sept　　18 dix-huit　　19 dix-neuf　　20 vingt

**13**
*treize*

# Leçon 2

🔊 23　GRAMMAIRE

① 主語人称代名詞

|  | 単数 | 複数 |
|---|---|---|
| 一人称 | je (j') | nous |
| 二人称 | tu | vous |
| 三人称 | il | ils |
|  | elle | elles |

＊je は母音や無音の h で始まる単語の前ではエリズィヨンして j' になる.
＊tu は親しい間柄で使う.

② 動詞 être の直説法現在

**être**

| je **suis** | nous **sommes** |
|---|---|
| tu **es** | vous **êtes** |
| il **est** | ils **sont** |
| elle **est** | elles **sont** |

＊身分・国籍・職業を表す名詞の多くは，男性形の語末に **e** をつけると女性形になる.

Je *suis* français(e).　　　　Nous *sommes* français(es).
Tu *es* français(e).　　　　　Vous *êtes* français(e)(s).
Il *est* français.　　　　　　 Ils *sont* français.
Elle *est* française.　　　　　Elles *sont* françaises.

③ 否定文

否定文は動詞を **ne(n')** と **pas** ではさむ.

**être の否定形**

| je *ne* suis *pas* | nous *ne* sommes *pas* |
|---|---|
| tu *n'*es *pas* | vous *n'*êtes *pas* |
| il *n'*est *pas* | ils *ne* sont *pas* |
| elle *n'*est *pas* | elles *ne* sont *pas* |

Je suis étudiant.　　　→　Je *ne* suis *pas* étudiant.
C'est un fruit.　　　　→　Ce *n'*est *pas* un fruit.
Ce sont des légumes.　→　Ce *ne* sont *pas* des légumes.

**14**
*quatorze*

**♪ 24 Vocabulaire** ························································································

| | | | | |
|---|---|---|---|---|
| japonais(e) | français(e) | anglais(e) | américain(e) | allemand(e) |
| espagnol(e) | chinois(e) | italien(ne) | canadien(ne) | coréen(ne) |

＊身分・国籍・職業を表す語は，c'est [ce sont] に続く場合，冠詞が必要になる．

Il est avocat.　　C'est *un* avocat.　　Ce sont *des* avocats.

**Vocabulaire** ····················································································································

professeur 教師　étudiant(e) 大学生　médecin 医者　avocat(e) 弁護士
ac*teur* (ac*trice*) 俳優　chan*teur* (chan*teuse*) 歌手　journaliste ジャーナリスト
artiste 芸術家　écrivain 作家　peintre 画家　sculpteur 彫刻家　architecte 建築家
styliste スタイリスト　cuisini*er*(*-ère*) 料理人　pâtiss*ier*(*-ère*) パティシエ
infirm*ier*(*-ère*) 看護師　salarié(e) サラリーマン　employé(e) 従業員　chauffeur 運転手

## EXERCICES ·····························································································

① 主語を〔　　〕内の語に変えて全文を書き換えなさい．

(1) Je suis japonais.　〔nous〕　　_____

(2) Ils sont parisiens.　〔elles〕　　_____

(3) Mary est américaine.　〔John〕　　_____

(4) Il est étudiant.　〔elle〕　　_____

(5) Je ne suis pas chinoise.　〔ils〕　　_____

② 下線部に国籍を表す語を書き入れなさい．

(1) Napoléon est _____.

(2) Beethoven est _____.

(3) Picasso est _____.

(4) Matisse et Monet sont _____.

(5) Johnny Depp est _____.

(6) Marie Curie est _____.

## ♪ 25 DICTÉE ·····························································································

音声を聴いて文章を書き取りなさい．

(1) _____

(2) _____

(3) _____

🔊 26

## Dialogue 2 : Au guichet du théâtre

Isabelle: Bonsoir. Il y a une réduction pour les étudiants ?
Monsieur: Oui bien sûr. Vous avez une carte d'étudiant ?
Isabelle: Voici ma* carte. Une place, s'il vous plaît.　　*所有形容詞（→ p. 20）
Monsieur: 12 euros, Mademoiselle.
Isabelle: Excusez-moi, mais je n'ai pas de petit billet.
　　　　(Isabelle donne* un billet de cent euros.)
　　　　　　　　　　　　　　　　*donner（-er 動詞 → p. 22）
Monsieur: Ce n'est pas grave. …Voilà votre monnaie.
Isabelle: Merci Monsieur.

🔊 27 ## GRAMMAIRE

### 1 部分冠詞

数えられない名詞（物質名詞や抽象名詞など）につけ，「ある程度の量」を表す．

| 男性単数 (*m.s.*) | **du**（**de l'**） |
|---|---|
| 女性単数 (*f.s.*) | **de la**（**de l'**） |

*母音や無音の h で始まる語の前では de l' を用いる．

男性名詞：*du* pain　*du* café　*du* vin　*du* courage　*de l'*argent
女性名詞：*de la* viande　*de la* bière　*de la* musique　*de la* chance　*de l'*eau
　　　　　*de l'*huile

★部分冠詞，数えられない名詞については，巻末 p. 58 も参照．

🔊 28

### 2 動詞 avoir の直説法現在

**avoir**

| j'**ai** | nous **avons** | J'*ai* un frère. |
| tu **as** | vous **avez** | Vous *avez* de l'argent ? |
| il **a** | ils **ont** | Il *a* une sœur. |
| elle **a** | elles **ont** | Elle *a* du courage. |

★動詞 avoir の否定形を書きなさい．

### 3 否定の de

直接目的補語につく不定冠詞・部分冠詞は，否定文では **de** になる．

J'ai un frère.　→　Je n'ai pas *de* frère.
Vous avez de la chance.　→　Vous n'avez pas *de* chance.
J'ai de l'argent.　→　Je n'ai pas *d'*argent.
Il y a des baguettes.　→　Il n'y a pas *de* baguette(s).

♣**avoir** を使った熟語表現 (**1**)

J'ai faim.　　　J'ai soif.　　　J'ai sommeil.
J'ai chaud.　　J'ai froid.　　J'ai peur.
Vous avez raison.　　Vous avez tort.

## EXERCICES

① (　　) に部分冠詞を書き入れ，下線部に意味を書きなさい.

(1) (　　) bœuf _____　(2) (　　) poisson _____
(3) (　　) jambon _____　(4) (　　) soupe _____
(5) (　　) riz _____　(6) (　　) huile _____
(7) (　　) sel _____　(8) (　　) sucre _____
(9) (　　) patience _____　(10) (　　) ambition _____

② 肯定文は否定文に，否定文は肯定文に書き換えなさい.

(1) Elle n'a pas de stylo.

_____

(2) Nous avons des enfants.

_____

(3) C'est un oiseau.

_____

(4) Ce sont des roses.

_____

(5) Il y a des chiens dans le parc.

_____

(6) Il n'y a pas de vin dans le frigo.

_____

(7) Vous n'avez pas d'appétit?

_____

## 🔊 29　DICTÉE

音声を聴いて文章を書き取りなさい.

(1) _____

(2) _____

(3) _____

# Leçon 3

🔊 30　GRAMMAIRE ································································································

### ① 形容詞の性・数一致と位置

1) 形容詞は，それが修飾する名詞や代名詞の性・数に応じて変化する．
基本的に，男性形の語尾に **e** をつけると女性形に，**s** をつけると複数形になる．

|  | 単数 (*s.*) | 複数 (*pl.*) |
|---|---|---|
| 男性 (*m.*) | grand | grand**s** |
| 女性 (*f.*) | grand**e** | grand**es** |

Il est grand.　　Elle est grand*e*.

Ils sont grand*s*.　　Elles sont grand*es*.　　Jacques et Juliette sont grand*s*.

＊C'est＋形容詞のときは性・数の一致はない．
　C'est bon.　C'est vrai?　C'est super!　C'est incroyable!

2) 形容詞が名詞に直接かかるときは，原則として名詞の後ろに置く．
une cravate *française*　　la vie *quotidienne*　　les cheveux *blonds*

3) 以下の日常よく使われる形容詞は，名詞の前に置くことが多い．
**grand**(**e**), **petit**(**e**), **bon**(**ne**), **mauvais**(**e**), **joli**(**e**), **jeune** など
un *bon* restaurant　　une *jolie* robe　　un *jeune* homme

4) 複数形で語順が〈形容詞＋名詞〉のとき，不定冠詞 des は **de**(**d'**) になる．
　　×des bons restaurants　→　*de* bons restaurants
　　×des autres questions　→　*d'*autres questions
　　　　　　　　*cf. des* chemises blanches　　*des* livres intéressants

🔊 31　### ② 形容詞の女性形

1) **-e** → そのまま　　　célèbre → célèbre
2) **-er** → **-ère**　　　lég*er* → lég*ère*　　　ch*er* → ch*ère*
3) **-eux** → **-euse**　　heur*eux* → heur*euse*
4) **-f** → **-ve**　　　positi*f* → positi*ve*
5) 語末の子音字を重ねて **e** をつける．
　　bon → bon*ne*　　ancien → ancien*ne*　　gentil → gentil*le*
6) その他の特殊な女性形
　　blanc → blan*che*　　franc → fran*che*　　long → long*ue*
　　frais → *fraîche*　　doux → dou*ce*

**18**
*dix-huit*

### ③ 男性第2形をもつ形容詞

男性第2形は母音や無音の h で始まる男性名詞（単数形）の前で使う.

| *m.s.* | *m.s.2* | *m.pl.* | *f.s.* | *f.pl.* |
|--------|---------|---------|--------|---------|
| beau | **bel** | beaux | belle | belles |
| nouveau | **nouvel** | nouveaux | nouvelle | nouvelles |
| vieux | **vieil** | vieux | vieille | vieilles |

un *beau* garçon     un *bel* acteur     de *beaux* acteurs

la *Belle* Époque     une *belle* actrice     de *belles* actrices

le *nouvel* an     le *vieux* quartier     un *vieil* homme

★名詞・形容詞の特殊な複数形 (→ 巻末 p. 58〜59)

Vocabulaire ················································

couleur (*f.*) 色：rouge 赤　noir(e) 黒　bleu(e) 青　jaune 黄色　vert(e) 緑　gris(e) 灰色
brun(e) 茶色　blond(e) 金色　marron 栗色　orange オレンジ色　rose バラ色 (ピンク)

## EXERCICES ················································

① (　　　) に形容詞の女性形を，下線部に意味を書きなさい.

(1) fort　　　(　　　) _____　　(2) faible　　　(　　　) _____

(3) court　　　(　　　) _____　　(4) long　　　(　　　) _____

(5) gros　　　(　　　) _____　　(6) mince　　　(　　　) _____

(7) haut　　　(　　　) _____　　(8) bas　　　(　　　) _____

(9) facile　　　(　　　) _____　　(10) difficile　　　(　　　) _____

(11) amusant　　　(　　　) _____　　(12) ennuyeux　　　(　　　) _____

② 主語を〔　　〕内の語に変えて全文を書き換えなさい.

(1) Il est fatigué. 〔elles〕 _____

(2) Elles sont heureuses. 〔il〕 _____

## 🔊32 DICTÉE ················································

音声を聴いて【選択肢】から形容詞を選び，(　　　) に書き入れなさい (性・数の一致に注意).

**【bon, blanc, bleu, jeune, lourd, rouge】**

(1) 良いアイデア　　une　　　(　　　　)　　　idée

(2) 白い家　　une　　　maison　　　(　　　)

(3) 重い荷物　　des　　　bagages　　　(　　　)

(4) 青い眼　　les　　　yeux　　　(　　　)

(5) 赤ワイン　　le　　　vin　　　(　　　)

(6) 若者たち　　les　　　(　　　)　　　gens

**19**
*dix-neuf*

🔊 33

## Dialogue 3 : Photo de famille

Ryoko: Tiens, c'est la photo de tes parents ?
Julien: Oui. Ici, c'est ma mère et là, c'est mon père.
Ryoko: Oh, comme ta mère est belle*! Et ton père a l'air très intelligent.
Julien: Merci. (*rire*)
Ryoko: Et cette petite fille, c'est ta sœur ?
Julien: Non, c'est mon cousin ; c'est un garçon !
Ryoko: C'est vrai ? Comme il est mignon*!

＊感嘆文（→ p. 24）

🔊 34

## GRAMMAIRE

### ① 指示形容詞

この（あの，その），これらの（あれらの，それらの）に相当する形容詞．

| m.s. | f.s. | pl. |
|---|---|---|
| ce (cet) | cette | ces |

*ce* livre　　*cette* chambre　*ces* papiers
*cet* enfant　*cet* homme　　*ces* hommes

＊cet は母音や無音の h で始まる男性名詞単数に使う．
＊「この～」と「あの～」を区別するには，さらに名詞の後ろに **-ci**, **-là** をつける．
　*ce* livre-*ci* et *ce* livre-*là*　　　*ces* bonbons-*ci* et *ces* bonbons-*là*

### ② 所有形容詞

|  | m.s. | f.s. | m.f.pl. |
|---|---|---|---|
| *je* | mon | ma | mes |
| *tu* | ton | ta | tes |
| *il / elle* | son | sa | ses |
| *nous* | notre | notre | nos |
| *vous* | votre | votre | vos |
| *ils / elles* | leur | leur | leurs |

*mon* père　　　*ma* mère　　　*mes* parents
*ton* père　　　*ta* mère　　　*tes* parents
*son* père　　　*sa* mère　　　*ses* parents
*notre* père　　*notre* mère　　*nos* parents
*votre* père　　*votre* mère　　*vos* parents
*leur* père　　　*leur* mère　　　*leurs* parents

＊母音や無音の h で始まる女性名詞単数には ma, ta, sa でなく mon, ton, son を使う．
　*mon* adresse　　*ton* école　　*son* habitude

## Vocabulaire

famille (f.) 家族　parent(s) (両)親・親戚　père 父　mère 母

enfant 子供　fils 息子　fille 娘　mari 夫　femme 妻　frère 兄弟　sœur 姉妹

oncle おじ　tante おば　cousin 従兄弟　cousine 従姉妹

grands-parents 祖父母　grand-père 祖父　grand-mère 祖母

petits-enfants 孫たち　petit-fils 孫息子　petite-fille 孫娘

ami(e), copain (copine) 友だち

## Vocabulaire

序数：premier(-ère)　deuxième [second(e)]　troisième　quatrième　cinquième

sixième　septième　huitième　neuvième　dixième　onzième　douzième

treizième　quatorzième　quinzième　seizième　dix-septième　dix-huitième

dix-neuvième　vingtième　vingt et unième…

🔊 35

François I$^{er}$　　cf. Louis XIV

la Seconde [Deuxième] Guerre mondiale

Vous êtes au 1$^{er}$ étage; le magasin de parfumerie, c'est au rez-de-chaussée.

J'habite dans le 15$^{ème}$ arrondissement.

Le 7$^{ème}$ art, c'est le cinéma.

## EXERCICES

① (　　　) に適切な指示形容詞を書き入れなさい.

(1) (　　　　　) arbres　　　　(2) (　　　　　) homme

(3) (　　　　　) appartement　(4) (　　　　　) hôpital

(5) (　　　　　) croissant　　　(6) (　　　　　) cravate

(7) (　　　　　) voiture　　　　(8) (　　　　　) étudiants

(9) (　　　　　) actrice　　　　(10) (　　　　　) hommes

② (　　　) に指示された所有形容詞を書き入れなさい.

(1) 私の　　(　　　　) oncle　　　(2) 私たちの　　(　　　　) filles

(3) 君の　　(　　　　) sœur　　　(4) あなたの　　(　　　　) frères

(5) 彼の　　(　　　　) enfants　　(6) 彼らの　　　(　　　　) grand-mère

(7) 彼女の (　　　　) mari　　　(8) 私たちの　　(　　　　) amis

(9) 彼の　　(　　　　) femme　　(10) 彼女たちの (　　　　) parents

(11) 私の　　(　　　　) sac　　　(12) 君たちの　　(　　　　) bagages

(13) 君の　　(　　　　) studio　　(14) 彼らの　　　(　　　　) vie

**21**

*vingt et un*

# Leçon 4

🔊 36　**GRAMMAIRE** ·······································································

### ① -er 動詞（第 1 群規則動詞）の直説法現在

chanter　chercher　dîner　donner　écouter　étudier　habiter
manger　marcher　regarder　travailler

| parler | |
|---|---|
| je parle | nous parl**ons** |
| tu parl**es** | vous parl**ez** |
| il parle | ils parl**ent** |
| elle parle | elles parl**ent** |

| aimer | |
|---|---|
| j'aime | nous‿aim**ons** |
| tu aim**es** | vous‿aim**ez** |
| il‿aime | ils‿aim**ent** |
| elle‿aime | elles‿aim**ent** |

★habiter の活用を書きなさい.
★aimer の否定形を書きなさい.

🔊 37　**②　疑問文**

1)　イントネーションによる.
　　Vous aimez le cinéma?
　　Tu aimes chanter?

2)　**est-ce que**（**qu'**）を使う.
　　*Est-ce que* vous aimez le cinéma?
　　*Est-ce que* tu aimes chanter?
　　＊主語が三人称 (il, elle, ils, elles) のとき，que はエリズィヨンする.
　　*Est-ce qu'*il aime le cinéma?
　　*Est-ce qu'*il y a une station de métro près d'ici?

3)　主語と動詞を倒置する.
　　Aimez-vous le cinéma?
　　Aimes-tu chanter?
　　＊avoir, -er 動詞，aller (p. 26) の三人称単数 (il, elle) が倒置すると〈動詞 -t- il [elle]〉の形になる.
　　Aime-t-il la cuisine française?
　　＊名詞が主語の場合
　　Jeanne aime-t-elle la culture japonaise?
　　Paul n'est-il pas étudiant?　　　（→ 否定疑問文 p. 29）

---

**22**
*vingt-deux*

🔊 38　**③** **-ir** 動詞（第 2 群規則動詞）の直説法現在

| **finir** | | **choisir** | |
|---|---|---|---|
| je fin**is** | nous fin**issons** | je chois**is** | nous chois**issons** |
| tu fin**is** | vous fin**issez** | tu chois**is** | vous chois**issez** |
| il fin**it** | ils fin**issent** | il chois**it** | ils chois**issent** |
| elle fin**it** | elles fin**issent** | elle chois**it** | elles chois**issent** |

Vocabulaire ┄┄┄┄┄┄┄┄┄┄┄┄┄┄┄┄┄┄┄┄┄┄┄┄┄┄┄┄┄┄┄┄┄┄┄┄┄┄┄┄

semaine (*f.*) 週：　lundi 月曜日　　mardi 火曜日　　mercredi 水曜日　　jeudi 木曜日

vendredi 金曜日　　samedi 土曜日　　dimanche 日曜日

## EXERCICES ┄┄┄┄┄┄┄┄┄┄┄┄┄┄┄┄┄┄┄┄┄┄┄┄┄┄┄┄┄┄┄┄┄┄┄┄┄┄

① 動詞を活用させて（　　）に書き入れなさい.

　(1) Je (　　　　　　　) un sac comme ça. 〔chercher〕

　(2) Samedi, nous (　　　　　　　　) chez Pierre. 〔dîner〕

　(3) Vous (　　　　　　) bien français. 〔parler〕

　(4) Nous (　　　　　　) le français. 〔étudier〕

　(5) On ne (　　　　　　　) pas le dimanche. 〔travailler〕

　(6) Est-ce qu'elle (　　　　　　　) souvent la télé? 〔regarder〕

　(7) Vous (　　　　　　) de la pop japonaise? 〔écouter〕

　(8) Ce distributeur ne (　　　　　　　) pas. 〔marcher〕

　(9) Tu ne (　　　　　　) pas de poivrons? 〔manger〕

　(10) Vous n'(　　　　　　) pas les carottes? 〔aimer〕

　(11) Nous (　　　　　　) le travail à dix-sept heures. 〔finir〕

　(12) Vous (　　　　　) un plat. 〔choisir〕

② 疑問文を指示にしたがって書き換えなさい.

　(1) Vous avez un smartphone?

　　〔est-ce que を使って〕＿＿＿＿＿＿＿＿＿＿＿＿＿＿＿

　　〔倒置形で〕＿＿＿＿＿＿＿＿＿＿＿＿＿＿＿

　(2) Il habite en banlieue?

　　〔est-ce que を使って〕＿＿＿＿＿＿＿＿＿＿＿＿＿＿＿

　　〔倒置形で〕＿＿＿＿＿＿＿＿＿＿＿＿＿＿＿

　(3) On choisit un dessert?

　　〔est-ce que を使って〕＿＿＿＿＿＿＿＿＿＿＿＿＿＿＿

　　〔倒置形で〕＿＿＿＿＿＿＿＿＿＿＿＿＿＿＿

**23**

*vingt-trois*

## Dialogue 4 : Match de foot à la télé

Julien: Isabelle, à quelle heure commence le match ?
Isabelle: Quel match ?
Julien: Le match de foot, bien sûr. Ce soir, c'est France-Brésil !
Isabelle: Ça commence à dix-neuf heures.
Julien: C'est l'heure ! Mais qu'est-ce que tu regardes ?
Isabelle: Je regarde un dessin animé japonais.
Julien: Isabelle, s'il te plaît.
Isabelle: …Bon d'accord. Quelle chaîne ?

## GRAMMAIRE

### 1 疑問形容詞

| m.s. | m.pl. | f.s. | f.pl. |
|------|-------|------|-------|
| quel | quels | quelle | quelles |

*Quel* âge avez-vous ? — J'ai vingt ans.

★数詞に続けて an(s) を発音してみよう (→ 巻末 p. 59)

*Quel* jour sommes-nous aujourd'hui ? — Nous sommes lundi.
*Quelle* couleur aimez-vous ?   *Quel* est votre avis ?   *Quelles* sont ces fleurs ?

### 2 疑問代名詞

|  | 「誰」qui | 「何」que |
|---|---|---|
| 主語 | **Qui** chante ?<br>**Qui est-ce qui** chante ? | **Qu'est-ce qui** se passe ? |
| 直接目的補語 | **Qui** cherchez-vous ?<br>**Qui est-ce que** vous cherchez ?<br>Vous cherchez **qui** ? | **Que** cherchez-vous ?<br>**Qu'est-ce que** vous cherchez ?<br>Vous cherchez **quoi** ? (= que) |
| 属詞 | **Qui** est-ce ?<br>C'est **qui** ? | **Qu'est-ce que** c'est ?<br>C'est **quoi** ? |

＊疑問代名詞を前置詞とともに用いる場合.

*De quoi* parlez-vous ? — Nous parlons *de* nos vacances.
*À qui* pense-t-il ? — Il pense *à* Françoise.

♣感嘆文！

*Quel* bonheur !   *Quel* beau jardin !   *Quelle* vue magnifique !
*Qu'est-ce que* c'est beau !   *Que* c'est beau !   *Qu'*elle est mignonne !
*Comme* c'est joli !   *Comme* il est gentil !

🔊 41　③ 時刻の表現

| | |
|---|---|
| Quelle heure est-il? | Vous avez l'heure? |
| Il est une heure. | Il est une heure dix. |
| Il est sept heures *et quart*. | Il est sept heures *moins le quart*. |
| Il est sept heures *et demie*. | Il est sept heures *moins* cinq. |
| Il est midi. | Il est minuit. |

★数詞に続けて heure(s) を発音してみよう（→巻末 p. 59）

Vocabulaire ·····································································

matin (*m.*) 朝・午前　　après-midi (*m.*) 午後　　soir (*m.*) 夕方・晩　　nuit (*f.*) 夜
ce matin 今朝　　cet après-midi 今日の午後　　ce soir 今晩　　cette nuit 今夜
tous les jours 毎日　　toute la journée 一日中
tous les soirs 毎晩　　toute la nuit 一晩中

## EXERCICES ·····································································

① （　　　）に疑問形容詞を書き入れなさい.

(1) （　　　　　　） est cette plante?　(2) （　　　　　　） est votre nom?

(3) （　　　　　　） sont ces bruits?　(4) （　　　　　　） est ton idée?

(5) （　　　　　　） genre de musique aimez-vous?

(6) À （　　　　　　） heure réservons-nous le restaurant?

(7) （　　　　　　） beau temps!

② 【選択肢】から適切な疑問代名詞を選んで（　　　）に書き入れなさい.

　　　　【qui, que, qu'est-ce qui, qu'est-ce que, quoi】 (複数回使用可)

(1) （　　　　　　） êtes-vous?

(2) （　　　　　　） tu aimes comme musique?

(3) （　　　　　　） ne va pas? Tu es fatiguée?

(4) （　　　　　　） il y a?

(5) （　　　　　　） donnes-tu à Virginie comme cadeau?

(6) （　　　　　　） vous étudiez?

🔊 42　## DICTÉE ·····································································

(1) _____

(2) _____

(3) _____

# Leçon 5

**43** **GRAMMAIRE** ·······························································

**1** 動詞 **aller, venir** の直説法現在

| aller | | venir | |
|---|---|---|---|
| je **vais** | nous **allons** | je **viens** | nous **venons** |
| tu **vas** | vous **allez** | tu **viens** | vous **venez** |
| il **va** | ils **vont** | il **vient** | ils **viennent** |
| elle **va** | elles **vont** | elle **vient** | elles **viennent** |

Je *vais* à Cannes, cet été.     Je *viens* de Yokohama.

**2** 前置詞 **à, de** と定冠詞 (**le, les**) の縮約

| | | | |
|---|---|---|---|
| à + le | → | **au** | Je vais *au* concert.     café *au* lait |
| à + la | （そのまま） | | Tu vas *à la* librairie?     chanson *à la* mode |
| à + l' | （そのまま） | | Il est *à l'*aéroport.     menthe *à l'*eau |
| à + les | → | **aux** | Elle est *aux* Champs-Élysées.     tarte *aux* pommes |
| de + le | → | **du** | Nous venons *du* Japon.     musée *du* Louvre |
| de + la | （そのまま） | | Vous venez *de la* mairie?     place *de la* Concorde |
| de + l' | （そのまま） | | Ils rentrent *de l'*usine.     gare *de l'*Est |
| de + les | → | **des** | Elles reviennent *des* Pays-Bas.     École *des* Beaux-Arts |

♣助けを求める     Au secours!     Au voleur!     Au feu!

**3** 国名と前置詞

Vocabulaire
- （女性）  la France    l'Angleterre    l'Allemagne    l'Italie    l'Espagne
  la Suisse    la Russie    la Chine    la Corée    la Tunisie
- （男性）  le Japon    le Canada    le Portugal    le Maroc
- （複数）  les États-Unis    les Pays-Bas

**44**
Il travaille *en* France.          Elle revient *d'*Italie.
Ils habitent *au* Canada.          Je viens *du* Japon.
Nous allons *aux* États-Unis.     Vous venez *des* États-Unis?

**4** 近接未来と近接過去
近接未来： **aller** ＋不定詞
近接過去： **venir de** ＋不定詞
Je *vais déménager* ce week-end.   *cf.* Je vais chercher Jacques à la gare.
Je *viens d'arriver* à Nantes.   *cf.* Je viens voir* M. Legrand.     *voir (p. 30)

**26**
*vingt-six*

Vocabulaire ·························································································
saison (f.) 季節： （au）printemps 春　（en）été 夏　（en）automne 秋　（en）hiver 冬

♣avoir を使った熟語表現（2）
Vous avez l'air fatigué.　　Vous avez besoin d'un repos.
J'ai envie d'une moto.　　J'ai envie d'aller à la mer.
J'ai mal à la tête.　　Il a mal au ventre.　　Elle a mal aux dents.

## EXERCICES ····················································································

① （　　）に適切な語を書き入れなさい.

(1) Cet après-midi, je vais （　　　　　　） stade avec mes amis.

(2) On va （　　　　　　） la campagne dimanche?

(3) Bruxelles est la capitale （　　　　　） la Belgique.

(4) Nous jouons （　　　　　） tennis*.　　＊jouer à＋ゲーム（スポーツ）

(5) Patricia joue （　　　　　） violon*.　　＊jouer de＋楽器

(6) Le fleuriste est à côté （　　　　　） l'église.

(7) En face （　　　　　） supermarché, il y a une boulangerie.

(8) Il y a un bon bistrot près （　　　　　） la gare.

② 各文を近接未来と近接過去に書き換えなさい.

(1) Je voyage en Bourgogne cet automne.

　〔近接未来〕 _____

　〔近接過去〕 _____

(2) J'achète un journal.

　〔近接未来〕 _____

　〔近接過去〕 _____

(3) Juliette a vingt ans.

　〔近接未来〕 _____

　〔近接過去〕 _____

## 45 DICTÉE ····················································································

(1) _____

(2) _____

(3) _____

**◉ 46**

## Dialogue 5 : Il fait beau aujourd'hui !

Ryoko: Allô ?

Julien: Allô Ryoko, c'est Julien. Ça va ? Est-ce que tu es libre cet après-midi ?

Ryoko: Hmm… je vais à la bibliothèque.

Julien: Ah bon ? Mais il fait très beau aujourd'hui !
Moi, je fais un pique-nique avec Isabelle.

Ryoko: Un pique-nique ? Où allez-vous ?

Julien: Au Bois de Vincennes. Tu ne viens pas avec nous ?

Ryoko: Si, avec plaisir !

Julien: Super ! Donc, tu prends la ligne 8, et rendez-vous à la sortie du métro "Porte Dorée"… dans une heure, ça va ?

Ryoko: C'est-à-dire à midi et demie ? Oui, c'est bon.

Julien: Parfait. À tout à l'heure !

**◉ 47**  GRAMMAIRE ┈┈┈┈┈┈┈┈┈┈┈┈┈┈┈┈┈┈┈┈┈┈┈┈┈┈┈┈┈┈┈┈┈┈┈┈

**①** 動詞 **faire, prendre** の直説法現在

| faire | | prendre | |
|---|---|---|---|
| je fais | nous faisons [fəzɔ̃] | je prends | nous prenons |
| tu fais | vous faites | tu prends | vous prenez |
| il fait | ils font | il prend | ils prennent |
| elle fait | elles font | elle prend | elles prennent |

Qu'est-ce que vous *faites* dans la vie?   Que *prenez*-vous comme boisson?

**②** 天候の表現

Quel temps fait-il?

Il fait beau [mauvais, gris, humide].

Il fait chaud [froid, doux, frais].     *cf.* J'ai chaud.

Il y a du vent [de l'orage].     Il fait 20 degrés.

Il pleut*.     Il neige.          *pleuvoir (活用表 61)

Vocabulaire ┈┈┈┈┈┈┈┈┈┈┈┈┈┈┈┈┈┈┈┈┈┈┈┈┈┈┈┈┈┈┈┈┈┈┈┈┈┈┈┈┈┈┈┈
avant-hier おととい   hier 昨日   aujourd'hui 今日   demain 明日   après-demain あさって

**28**
*vingt-huit*

**◉48** **③ 人称代名詞強勢形**

| （主語） | *je* | *tu* | *il* | *elle* | *nous* | *vous* | *ils* | *elles* |
|---|---|---|---|---|---|---|---|---|
| 強勢形 | **moi** | **toi** | **lui** | **elle** | **nous** | **vous** | **eux** | **elles** |

1) 主語の強調： *Toi*, tu es français, moi, je suis japonais.
2) être の後： Qui est là? — C'est *moi*.
3) 前置詞の後： Je suis tout à fait d'accord avec *vous*.
   C'est à qui? — C'est à *moi*.
4) 接続詞 et の後： Léna et *moi*, nous sommes du même âge.
5) 比較の que の後： Elle est plus âgée que *lui*.　　（→ 比較級 p. 34)

**④ 否定疑問文**

Tu viens avec nous? — Oui, je viens.
　　　　　　　　　　 — Non, je ne viens pas.
Tu *ne* viens *pas*? — **Si**, je viens.
　　　　　　　　　　 — Non, je ne viens pas.

## EXERCICES

① (1)～(3) は faire を, (4)～(7) は prendre を活用させて, (　　) に書き入れなさい.

(1) Qu'est-ce que vous (　　　　　　　　) comme sport?
　　 — Nous (　　　　　　　) du judo.
(2) Qu'est-ce qu'il (　　　　　　　) dans la vie? — Il est professeur.
(3) Je (　　　　　) la cuisine. Et mes enfants (　　　　　　) la vaisselle.
(4) Il (　　　　　　) une douche tous les matins.
(5) Pour aller au bureau, Christine (　　　　　　) le métro.
(6) Nous (　　　　　　) le menu à 12 euros.
(7) Vous (　　　　　) ce médicament après le repas.

**◉49** ## DICTÉE

(1) _____

(2) _____

(3) _____

**29**
*vingt-neuf*

# Leçon 6

🔊 50 **GRAMMAIRE** ·······························································

**① 疑問副詞**

**Quand** partez-vous pour la France? — Nous partons fin août.
**Où** allez-vous? — Je vais en Bretagne.
*D'où* venez-vous? — Nous venons du Japon.
**Comment** rentrez-vous? — Je rentre en taxi [à pied].
La femme de Serge, elle est *comment*? — Elle est belle et très sympa.
**Combien de** villas a-t-il? — Il a trois villas.
　　　　　　　　　　　　　　　　　　　　[Il *en* a trois.] (→ 中性代名詞 en)

Ça coûte *combien*? — Ça coûte 30 euros.
**Pourquoi** tu ne manges pas? — *Parce que* je n'ai pas faim.

🔊 51

| partir | | voir | |
|---|---|---|---|
| je pars | nous partons | je vois | nous voyons |
| tu pars | vous partez | tu vois | vous voyez |
| il part | ils partent | il voit | ils voient |
| elle part | elles partent | elle voit | elles voient |

🔊 52 **② 数量副詞**

Il y a **beaucoup de** choses à faire.
Ils ont **trop de** travail ces jours-ci.
Nous avons **assez de** temps.
Je veux **un peu de** sucre. 　 J'ai **peu d'**argent.

＊[un] peu de は数えられない名詞に用いる．数えられる名詞には quelques または plusieurs
を使う． J'ai *quelques* questions à vous poser.

　　♣程度・限度
　　　Tu bois* *beaucoup*. 　 Vous buvez* *trop*. 　　　　＊boire (活用表 41)
　　　Il travaille *trop*. 　 Elle mange *peu*. 　 J'en ai *assez*!

🔊 53

| pouvoir | | vouloir | |
|---|---|---|---|
| je peux | nous pouvons | je veux | nous voulons |
| tu peux | vous pouvez | tu veux | vous voulez |
| il peut | ils peuvent | il veut | ils veulent |
| elle peut | elles peuvent | elle veut | elles veulent |

Je *peux* essayer? (*Puis*-je essayer?) 　 Je *veux* le permis de conduire.
Je ne *peux* pas partir demain. 　 Elle *veut* visiter le Mont-Saint-Michel.
Vous *pouvez* épeler, s'il vous plaît? 　 *Voulez*-vous danser avec moi?

**54**  **③ 中性代名詞 en**

不定冠詞・部分冠詞・数詞をともなう名詞や〈**de**＋名詞〉に代わる．動詞の直前に置く．

Tu as *un stylo*? — Oui, j'*en* ai.

Tu veux *du thé*? — Oui, j'*en* veux bien.

*Combien de bières* y a-t-il dans le frigo? — Il y *en* a six.

Est-ce qu'il y a *assez de verres*? — Non, il n'y *en* a pas assez.

Vous n'avez pas *de petite monnaie*? — Si, j'*en* ai.

— Non, je n'*en* ai pas.

Vocabulaire ••••••••••••••••••••••••••••••••••••••••••••••••••••••••••••••••••

mois (*m.*) 月： janvier 1月  février 2月  mars 3月  avril 4月  mai 5月  juin 6月  juillet
7月  août 8月  septembre 9月  octobre 10月  novembre 11月  décembre 12月

## EXERCICES ••••••••••••••••••••••••••••••••••••••••••••••••••••••••••••••••••••

① （　　　）に適切な疑問詞を書き入れなさい．

(1) Vous êtes (　　　　　　　　　)? — Nous sommes trois.

(2) (　　　　　　　　　) utiliser cet appareil?

(3) (　　　　　　　　　) dit-on "kizuna" en français? — On dit *lien*.

(4) (　　　　　　　　　) ne vient-il pas? — Parce qu'il est occupé.

(5) (　　　　　　　　　) est-ce qu'on va dimanche?

(6) (　　　　　　　　　) est-ce que vous partez en vacances?

② (1)(2) は pouvoir を，(3)(4) は vouloir を活用させて，(　　　)に書き入れなさい．

(1) Tu (　　　　　　　) ouvrir* la fenêtre?　　　　　*ouvrir (活用表23)

(2) On (　　　　　　　) entrer?

(3) Qu'est-ce que vous (　　　　　　　) faire à Londres?

(4) Où est-ce que tu (　　　　　　　) aller à Rome?

**55**  ## DICTÉE ••••••••••••••••••••••••••••••••••••••••••••••••••••••••••••••••••••

音声を聴いて会話文を書き取りなさい．

(1) ＿＿＿＿＿＿＿＿＿＿＿＿＿＿＿ — ＿＿＿＿＿＿＿＿＿＿＿＿＿

(2) ＿＿＿＿＿＿＿＿＿＿＿＿＿＿＿ — ＿＿＿＿＿＿＿＿＿＿＿＿＿

(3) ＿＿＿＿＿＿＿＿＿＿＿＿＿＿＿ — ＿＿＿＿＿＿＿＿＿＿＿＿＿

🔊 56

### Dialogue 6 : Tu vois combien de films ?

Julien: Ryoko, qu'est-ce que tu étudies ?
Ryoko: J'étudie la sociologie.
Julien: Ce n'est pas difficile de suivre les cours de l'université ?
Ryoko: Si. En fait, je dois étudier jusqu'à minuit pour terminer mes devoirs.
Julien: Et Akira, qu'est-ce que tu fais à Paris ?
Akira: Moi, j'étudie le cinéma français.
Julien: Quels films aimes-tu ?
Akira: J'aime bien les films de François Truffaut.
Julien: Tu vois combien de films par semaine ?
Akira: Je ne sais pas exactement, mais environ une dizaine.
Julien: Une dizaine ! Tu es vraiment un cinéphile.

🔊 57

## GRAMMAIRE

**①** 非人称構文

**Il est** [C'est] inutile **de** discuter.
**Il est** [C'est] évident **qu'**il est coupable.
Pour vivre* en France, *il est* nécessaire *d'*apprendre le français.

\*vivre（活用表 39）

Pour vivre en France, **il faut*** apprendre le français.   \*falloir（活用表 62）
Pour aller à l'étranger, *il faut* un passeport.
Combien de minutes *faut-il* pour aller à la mer en bus ?
Il va faire de l'orage ; **il vaut*** mieux rester à la maison.   \*valoir（活用表 59）
**Il reste** encore trois minutes.   **Il manque** cinq euros.
*cf.* **Ça arrive** souvent.   *Ça arrive* à tout le monde.

🔊 58

**②** さまざまな否定表現 (1)

**ne...rien, ne...personne**

Il fait noir ; je *ne* vois *rien*.   Ça *ne* sert* à *rien*.

\*servir（活用は partir とほぼ同型）

Avez-vous quelque chose à déclarer ? — Non, je *n'*ai *rien* à déclarer.
Il n'y a *rien* d'intéressant dans son discours.
Il y a quelqu'un dans la salle ? — Non, il *n'*y a *personne*.
*Personne ne* répond*.   \*répondre（活用表 23）

32
*trente-deux*

🔊 59

| connaître | |
|---|---|
| je connais | nous connaissons |
| tu connais | vous connaissez |
| il connaît | ils connaissent |
| elle connaît | elles connaissent |

Je suis heureux de vous *connaître*.
Tu *connais* son numéro de téléphone?

| savoir | |
|---|---|
| je sais | nous savons |
| tu sais | vous savez |
| il sait | ils savent |
| elle sait | elles savent |

Tu *sais* que Benoît va se marier?
Je ne *sais* pas nager.

| devoir | |
|---|---|
| je dois | nous devons |
| tu dois | vous devez |
| il doit | ils doivent |
| elle doit | elles doivent |

Nous *devons* travailler pour vivre.
Tu *dois* avoir de la fièvre.

| croire | |
|---|---|
| je crois | nous croyons |
| tu crois | vous croyez |
| il croit | ils croient |
| elle croit | elles croient |

Tu ne me *crois* pas? — Si, je te *crois*.
Je *crois* qu'elle a raison.

## EXERCICES

【選択肢】の動詞を活用させて（　　）に書き入れなさい．そして訳しなさい．

【connaître, croire, devoir, falloir, savoir】

(1) Vous (　　　　　　　　) qu'elle dit la vérité?

_____

(2) Pour prendre le TGV, vous (　　　　　　　) réserver votre place.

_____

(3) (　　　　　　　　)-vous cet homme?

_____

(4) Je ne (　　　　　　　) pas comment faire.

_____

(5) Il (　　　　　　) changer de train à Dijon.

_____

(6) Vous (　　　　　　　) savoir quelque chose. — Je ne (　　　　　　　) rien!

_____

🔊 60 ## DICTÉE

(1) _____

(2) _____

(3) _____

**33**
*trente-trois*

# Leçon 7

🔊 61 **GRAMMAIRE** ·······························································

### ① 指示代名詞

| | s. | pl. |
|---|---|---|
| m. | **celui** | **ceux** |
| f. | **celle** | **celles** |

Voici mon parapluie et voilà *celui* de Jean.

Ça, c'est ma voiture, et ça, *celle* de Romain.

### ② 比較級・最上級

1) 優等・同等・劣等比較

Louis est **plus** grand **que** Marie.

Marie est **aussi** grand*e* **que** Michèle.

Elles sont **moins** grand*es* **que** Louis.

Julien court* | **plus** / **aussi** / **moins** | vite **que** Pierre. ＊courir（活用表 24）

2) 形容詞 bon の優等比較級は meilleur(e)(s)，副詞 bien の優等比較級は mieux.

Ce gâteau-ci est *meilleur* que ce gâteau-là.

Juliette danse *mieux* que Nicole.

C'est *mieux* comme ça. Ça va *mieux*.

3) 最上級は，形容詞には定冠詞 le, la, les のいずれかを，副詞には定冠詞 le をつける.

C'est *le meilleur* vin *de* France.

À votre avis, qui est *le plus* grand écrivain *du* monde?

Dans la famille, c'est Emma qui se réveille *le plus* tôt.

Qui chante *le mieux* dans la classe? — C'est Édith!

🔊 62

| **dire** | |
|---|---|
| je dis | nous disons |
| tu dis | vous dites |
| il dit | ils disent |
| elle dit | elles disent |

| **écrire** | |
|---|---|
| j'écris | nous écrivons |
| tu écris | vous écrivez |
| il écrit | ils écrivent |
| elle écrit | elles écrivent |

C'est plus facile à *dire* qu'à faire. Il ne sait ni lire* ni *écrire*.

＊lire（活用表 33）

Qu'est-ce que ça veut *dire*? Gérard *écrit* moins souvent à Marthe.

**34**

*trente-quatre*

| mettre | |
|---|---|
| je mets | nous mettons |
| tu mets | vous mettez |
| il met | ils mettent |
| elle met | elles mettent |

Nous allons *mettre* le canapé ici.
Tu *mets* un peu de sucre?

## EXERCICES

① 形容詞を（　　）に正しく書き入れなさい．そして訳しなさい．

(1) La Loire est plus (　　　　　　) que la Seine. [long]

_____

(2) À Paris, la vie est moins (　　　　　　) qu'à Tokyo. [cher]

_____

(3) Guillaume est plus (　　　　　　) que sa femme de dix ans. [âgé]

_____

(4) Aujourd'hui, il fait moins (　　　　　　) qu'hier. [chaud]

_____

(5) Versailles est un des plus (　　　　　　) châteaux du monde. [beau]

_____

(6) À ton avis, quelle est la plus (　　　　　　) ville de France? [beau]

_____

(7) Les Champs-Élysées, c'est la plus (　　　　　　) avenue d'Europe. [grand]

_____

(8) La tour Eiffel est le plus (　　　　　　) monument de Paris. [haut]

_____

(9) Paul parle anglais (　　　　　　) que Patrice. [bien]

_____

(10) C'est un des (　　　　　　) restaurants de Lyon. [bon]

_____

🔊 63 ## DICTÉE

(1) _____

(2) _____

(3) _____

🔊 64

## Dialogue 7 : Au musée d'Orsay

**Julien:** Tu sais, le musée d'Orsay est plus récent que le Louvre, mais moins moderne que le Centre Pompidou.

**Ryoko:** Et Orsay est un musée de tableaux impressionnistes. C'est bien ça ?

**Julien:** Oui. Et on dit que les impressionnistes sont très populaires au Japon, c'est vrai ?

**Ryoko:** Oui, c'est juste.

**Julien:** Qui est ton peintre préféré ?

**Ryoko:** Moi, j'adore Monet. Pour moi, c'est le plus grand peintre du monde. Où sont ses tableaux ? Je veux les voir.

**Julien:** Allez, suis*-moi ! Je vais te servir de guide. ＊suivre（活用表38）

**Ryoko:** …Attends-moi, Julien. Ne marche pas si vite !

🔊 65 ## GRAMMAIRE

### ① 補語人称代名詞

|  | *je* | *tu* | *il* | *elle* | *nous* | *vous* | *ils* | *elles* |
|---|---|---|---|---|---|---|---|---|
| 直接目的補語 | **me**<br>**(m')** | **te**<br>**(t')** | **le**<br>**(l')** | **la**<br>**(l')** | **nous** | **vous** | **les** | |
| 間接目的補語 | | | **lui** | | | | **leur** | |

〔語順〕 主語 ── (ne) ── me / te / nous / vous ── le / la / les ── lui / leur ── 動詞 ── (pas)

Je *t'*aime.　　Je ne *t'*aime pas.　　Tu *m'*aimes ou pas?

Vous pouvez *m'*aider?　　Est-ce que ça *vous* intéresse?

Je *te* prête mon vélo. → Je *te le* prête.

🔊 66 ### ② 命令法

| **chanter** | **venir** | **attendre** （活用表28） |
|---|---|---|
| （tu）chante | （tu）viens | （tu）attends |
| （nous）chantons | （nous）venons | （nous）attendons |
| （vous）chantez | （vous）venez | （vous）attendez |

＊-er 動詞，aller，ouvrir などの二人称単数は語尾の s を省略する．

**36**
*trente-six*

| **être** | | | **avoir** | |
|---|---|---|---|---|
| (tu) sois | *Sois* sage. | | (tu) aie | N'*aie* pas peur. |
| (nous) soyons | *Soyons* raisonnables. | | (nous) ayons | *Ayons* du courage. |
| (vous) soyez | *Soyez* tranquille. | | (vous) ayez | N'*ayez* pas peur. |

1) 補語人称代名詞をともなう命令法の語順（動詞と目的語が倒置する）

**動詞 ― 直接補語 ― 間接補語** (me → moi)

Téléphonez-moi.　　　Aidez-nous.　　　Demandez-lui.

Donnez-moi cette écharpe. → Donnez-*la*-moi.〔Donnez-moi ça.〕

Passe-moi le journal, s'il te plaît. → Passe-*le*-moi, s'il te plaît.

2) 否定命令

N'insistez pas.　　　Ne me touche pas.　　　Ne me dis pas ça.

## EXERCICES

① 下線部を補語人称代名詞に変えて全文を書き換えなさい.

(1) Je te donne ce livre.

(2) Je vous présente Madame Riva.

(3) Téléphonez à Jean.

(4) Bernard écrit à ses amis.

(5) Attendons un peu Claude.

(6) Dis à Catherine que je suis malade.

(7) Elle montre ses photos à ses parents.

(8) Tu vas voir Sylvie ce soir?

## 🔊 67 DICTÉE

音声を聴いて以下の動詞を用いた命令文を書き取りなさい.

(1) venir

(2) chanter

(3) parler

(4) prendre

(5) attendre

# Leçon 8

🔊 68 **GRAMMAIRE** ················································································

**①** 代名動詞

再帰代名詞（me, te, se, nous, vous）をともなう動詞

| se lever | |
|---|---|
| je me lève | nous nous levons |
| tu te lèves | vous vous levez |
| il se lève | ils se lèvent |
| elle se lève | elles se lèvent |

| s'appeler | |
|---|---|
| je m'appelle | nous nous appelons |
| tu t'appelles | vous vous appelez |
| il s'appelle | ils s'appellent |
| elle s'appelle | elles s'appellent |

否定形：je ne *me lève* pas…　　nous ne *nous levons* pas …

疑問形：Comment *t'appelles*-tu?　　Comment *vous appelez*-vous?

★se coucher の否定形を書きなさい.

**②** 代名動詞の種類

1) 再帰的用法　　Je *me promène* dans le parc dimanche matin.
　　　　　　　　Je *m'intéresse* à l'architecture moderne.
2) 相互的用法　　Michel et Patricia *se voient* tous les soirs.
　　　　　　　　Ils *s'aiment* passionnément.
3) 受動的用法　　Ça *s'écrit* comment?
4) 本質的用法　　Vous *vous souvenez* de cette chanson?

🔊 69 **③** 代名動詞の命令法

1) 肯定命令　　＊代名詞と動詞が倒置する（te → toi）
　　(se lever)　　Lève-toi.　Levons-nous.　Levez-vous.
　　(se dépêcher)　Dépêche-toi.　Dépêchons-nous.　Dépêchez-vous.
　　(s'en aller)　　Va-t'en!　Allons-nous-en!　Allez-vous-en!

2) 代名動詞の否定命令
　　(s'inquiéter)　Ne t'inquiète pas.　Ne nous inquiétons pas.
　　　　　　　　Ne vous inquiétez pas.

**38**

*trente-huit*

# EXERCICES

① 【選択肢】の代名動詞を活用させて（　）に書き入れなさい．そして訳しなさい.

【se coucher, se donner, se boire, se faire, s'embrasser, se moquer, se prononcer, se situer】

(1) Les enfants (　　　　　　　　　) tard le week-end.

_____

(2) La lettre "i" (　　　　　　　　　) "ai" en anglais.

_____

(3) Notre-Dame de Paris (　　　　　　　　　) sur l'île de la Cité.

_____

(4) Le vin blanc (　　　　　　　　　) frais.

_____

(5) Cela ne (　　　　　　　　　) pas en public.

_____

(6) Les Français (　　　　　　　　　) quand ils se rencontrent pour saluer.

_____

(7) Ce comédien (　　　　　　　　　) de la critique.

_____

(8) On (　　　　　　　　　) la main pour se réconcilier.

_____

② 〔　　〕内の人称に対する命令形を書きなさい.

(1) se calmer

〔tu〕_____　〔vous〕_____

(2) se reposer

〔nous〕_____　〔vous〕_____

(3) se taire

〔tu〕_____　〔vous〕_____

🔊 70 # DICTÉE

(1) _____

(2) _____

(3) _____

**39**

_trente-neuf_

🔊 71

## Dialogue 8 : Que feras-tu ce soir ?

Julien: Isabelle, que feras-tu ce soir ?

Isabelle: J'irai à la fête d'anniversaire d'une amie.
Je sortirai bientôt.

Julien: Tu ne rentreras pas ?

Isabelle: Je ne sais pas encore. Je t'appellerai, si tu veux.

Julien: Non, ce n'est pas la peine. Je me coucherai tôt. En fait,
je ne me sens pas bien depuis quelque temps.

Isabelle: C'est vrai ? Oh là là, tu as mauvaise mine !

Julien: En effet, j'ai un peu de fièvre.

Isabelle: Alors ne reste pas comme ça. Va te coucher maintenant !

Julien: Oui, d'accord. Mais tu pourras sortir. Ne t'inquiète pas.

Isabelle: C'est gentil. Soigne-toi bien. Surtout, n'hésite pas à m'appeler
si nécessaire.

🔊 72 **GRAMMAIRE** ·······························································

直説法単純未来

| donner | |
|---|---|
| je donne**rai** | nous donne**rons** |
| tu donne**ras** | vous donne**rez** |
| il donne**ra** | ils donne**ront** |
| elle donne**ra** | elles donne**ront** |

| voir | |
|---|---|
| je ver**rai** | nous ver**rons** |
| tu ver**ras** | vous ver**rez** |
| il ver**ra** | ils ver**ront** |
| elle ver**ra** | elles ver**ront** |

| être | |
|---|---|
| je se**rai** | nous se**rons** |
| tu se**ras** | vous se**rez** |
| il se**ra** | ils se**ront** |
| elle se**ra** | elles se**ront** |

| avoir | |
|---|---|
| j'au**rai** | nous au**rons** |
| tu au**ras** | vous au**rez** |
| il au**ra** | ils au**ront** |
| elle au**ra** | elles au**ront** |

1) 未来の行為・出来事を表す.

Je te *donnerai* ce dictionnaire latin ; travaille bien !

S'il fait beau demain, nous *irons* à la montagne.

Qui va gagner le grand prix ? — Je ne sais pas. On *verra* demain.

2) 二人称 (tu, vous) で，穏やかな命令形として用いられる．

C'est mon adresse mél ; tu m'*écriras* quand tu veux.

Vous *prendrez* la première rue à gauche.

## Vocabulaire

| | | |
|---|---|---|
| la semaine dernière 先週 | cette semaine 今週 | la semaine prochaine 来週 |
| le mois dernier 先月 | ce mois 今月 | le mois prochain 来月 |
| l'année dernière 去年 | cette année 今年 | l'année prochaine 来年 |
| l'an dernier 去年 | — | l'an prochain 来年 |

♣責任・原因

C'est à cause de vous. ⇔ C'est grâce à vous.

C'est ta faute. — Ce n'est pas ma faute.

En raison du mauvais temps, les vols sont annulés.

## EXERCICES

① 【選択肢】の動詞を未来形で活用させて（　　　）に書き入れなさい．そして訳しなさい．

【être, faire, sortir, téléphoner, venir, se voir】

(1) Demain, il (　　　　　　) beau en Méditerranée.

_____

(2) Après-demain, nous (　　　　　　　) à Tahïti.

_____

(3) Dans trois jours, il (　　　　　　) de l'hôpital.

_____

(4) Tu (　　　　　　) nous voir de temps en temps.

_____

(5) S'il y a des problèmes, vous (　　　　　　) au numéro 0149535004.

_____

(6) On (　　　　　) demain vers 19 heures ?

_____

## DICTÉE

(1) _____

(2) _____

(3) _____

**41**

*quarante et un*

# Leçon 9

🔊 74  **GRAMMAIRE**

**① 直説法複合過去**

過去における行為・出来事，経験，結果などを表す．

**助動詞 (avoir, être) ＋過去分詞**

過去分詞： chanter → *chanté*　　aller → *allé*　　finir → *fini*　　venir → *venu*
　　　　　être → *été*　　avoir → *eu*　　faire → *fait*　　prendre → *pris*
　　　　　connaître → *connu*　　voir → *vu*　　pouvoir → *pu*
　　　　　vouloir → *voulu*

1) 助動詞が avoir の場合

| j'**ai** **vu** | nous **avons** **vu** |
|---|---|
| tu **as** **vu** | vous **avez** **vu** |
| il **a** **vu** | ils **ont** **vu** |
| elle **a** **vu** | elles **ont** **vu** |

J'*ai vu* Philippe.
Je *n'ai pas* vu Philippe.
*Avez*-vous *vu* Philippe?
[*N'avez*-vous *pas* vu Philippe?]

Il y *a eu* un accident dans le métro.

2) 助動詞が être の場合（過去分詞は主語の性・数に一致）

| je **suis allé**(e) | nous **sommes allé**(e)s |
|---|---|
| tu **es allé**(e) | vous **êtes allé**(e)(s) |
| il **est allé** | ils **sont allés** |
| elle **est allée** | elles **sont allées** |

aller (allé), venir (venu), entrer (entré), sortir (sorti), partir (parti), arriver, rester, monter, tomber, descendre (descendu), naître (né), mourir (mort), devenir (devenu)

Paul *est allé* à la fac.
Françoise est là? — Non, elle n'est pas là; elle *est sortie*.
Marc n'*est* pas *venu*?
Je *suis né* le 30 octobre 1990 à Kobe.

🔊 75　3) 代名動詞の複合過去（助動詞は être）

| je me suis levé(e) | nous nous sommes levé(e)s |
|---|---|
| tu t'es levé(e) | vous vous êtes levé(e)(s) |
| il s'est levé | ils se sont levés |
| elle s'est levée | elles se sont levées |

— 42 —
*quarante-deux*

＊再帰代名詞が直接目的補語の場合，過去分詞は主語の性・数に一致する．

Ce matin, Isabelle s'est lev*ée* de bonne heure.

＊再帰代名詞が間接目的補語の場合，過去分詞の性・数一致は起こらない．

Isabelle s'est lavé les mains.（se は間接補語，les mains が直接補語）

## 2 中性代名詞 y

〈**à**＋名詞〉や〈場所を表す前置詞＋名詞〉に代わる．動詞の直前に置く．

Vous buvez trop. Pensez à votre santé. — Oui, j'*y* pense.

Tu connais la Tunisie? — Oui, j'*y* suis allé il y a deux ans.

Vas-*y*. Allons-*y*. Allez-*y*.

## EXERCICES

① 動詞を複合過去にして（　）に書き入れなさい．そして訳しなさい．

(1) Il (　　　　　　　　　　) un colis en économique. [envoyer]

(2) Julien (　　　　　　　　) écrivain. [devenir]

(3) Ce film (　　　　　　　　) très amusant. [être]

(4) Emma (　　　　　　　　) avec un pianiste célèbre. [se marier]

② 複合過去の文に書き換えなさい．

(1) Mon professeur me dit de lire ce roman.

(2) Pauline lui demande de l'amener à la plage.

(3) Je ne vois personne.

(4) Je ne mange rien depuis ce matin.

③ 仏文和訳

(1) Qu'est-ce qu'elle est devenue, cette actrice?

(2) Napoléon est mort à Sainte-Hélène en 1821.

🔊 76

## Le journal d'Akira

Ce matin, je me suis levé plus tôt que d'habitude.
Je suis sorti à huit heures pour voir un nouveau film français à Châtelet.
Le film était bien, mais la salle était froide.
Après le cinéma, vers midi, je suis allé dans un parc.
Là, assis sur la pelouse, j'ai mangé un sandwich au jambon.
Le soleil était doux, c'était très agréable.
Ensuite, j'ai visité le musée d'art moderne du Centre Pompidou.
Enfin, le soir, je suis allé à l'Opéra Bastille pour voir un opéra de Bizet : *Carmen* !
Paris, c'est vraiment la "ville des Arts".

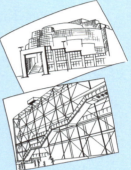

🔊 77 **GRAMMAIRE**

**1** 直説法半過去

1) 過去における継続的動作・状態，過去の習慣を表す．

| être | | avoir | |
|---|---|---|---|
| j'étais | nous étions | j'avais | nous avions |
| tu étais | vous étiez | tu avais | vous aviez |
| il était | ils étaient | il avait | ils avaient |
| elle était | elles étaient | elle avait | elles avaient |

L'année dernière, j'*étais* en France.　À cette époque-là, j'*avais* vingt ans.

| regarder | |
|---|---|
| je regardais | nous regardions |
| tu regardais | vous regardiez |
| il regardait | ils regardaient |
| elle regardait | elles regardaient |

Quand j'*habitais* à Paris, j'*allais* souvent à l'opéra.

2) 勧誘・願望などを表す．　　*条件法（→ p. 50）の主節の省略
Si on *allait* au café ?
Si je *savais* voler comme un oiseau !

44
*quarante-quatre*

## ❷ 直説法大過去

**助動詞（avoir, être）の半過去＋過去分詞**

Quand j'ai rencontré Mireille il y a un mois, elle *avait quitté* Lucien.
Quand je suis arrivé à la station, le dernier métro *était* déjà *parti*.

♣**comme si** ＋半過去または大過去
Cette actrice agit *comme si* elle *était* une reine.
La vie continue *comme si* rien ne *s'était passé*.

# EXERCICES

「イザベルの日記」の動詞を複合過去か半過去で活用させて（　　）に書き入れ，訳しなさい.

(1) passer
Cet été, j'(　　　　　　) deux semaines à Nice avec Julien.

(2) séjourner
Nous (　　　　　　) dans un hôtel pas trop cher et confortable.

(3) aller
Tous les matins, nous (　　　　　　) à la plage.

(4) vouloir
Julien (　　　　　) se bronzer,

(5) lire, dormir
alors que moi, je (　　　　　) sous le parasol ou je (　　　　　　).

(6) sortir
Et le soir, nous (　　　　　　) pour le dîner.

(7) manger
Au Vieux Port, j'(　　　　　　) de la soupe du poisson.

(8) être
Ça (　　　　) délicieux.

---

**45**

*quarante-cinq*

# Leçon 10

🔊 78   ## GRAMMAIRE

**①** 関係代名詞

1) **qui**（主格）

Victor Hugo est l'écrivain *qui* a écrit *Les Misérables*.

C'est un quartier de Paris *qui* me plaît* beaucoup.　　＊plaire（活用表36）

＊指示代名詞と関係詞

*Ce qui* est important dans la vie, c'est d'étudier, de travailler et de s'amuser.

*Celui qui* gagne le prochain match sera champion du monde.

*Ceux qui* ont aimé ce film-ci aimeront bien ce film-là.

2) **que**（目的格）

C'est le deuxième château *qu'*il a acheté en Normandie.

Elle porte toujours le collier *que* son ami lui a donné pour son anniversaire.

C'est exactement *ce que* je cherchais.

3) **dont**（de＋先行詞を受ける）

J'ai une amie *dont* le père est un médecin mondialement connu.

C'est *ce dont* vous avez besoin.

Voilà la galerie *dont* je vous ai parlé tout à l'heure.

4) **où**（場所や時を受ける）

Tu te souviens du jour *où* nous nous sommes rencontrés pour la première fois?

C'est l'appartement *où* Marcel Proust est mort en 1922.

Paris est une ville *où* beaucoup d'artistes aiment vivre.

*cf.* Besançon est la ville *que* j'aime le plus en France.

🔊 79   **②** 強調構文

**C'est** toi **que** j'aime.

**C'est** Jean-Pierre **qui** m'a dit ça.

**C'est** à cause de l'embouteillage **que** nous sommes arrivés en retard.

③ **過去分詞の一致**

助動詞 avoir を用いた複合過去の過去分詞は，先行する直接目的補語の性・数に一致する．

C'est une *montre* que j'ai acheté*e* en Suisse.

Ce sont des *photos* qu'il a pris*es* en Alsace.

La *page* que vous avez demandé*e* n'existe pas.

Tu as vu *Louise* ces jours-ci? — Oui, je *l'*ai vu*e* hier chez Sophie.

## EXERCICES

① （　　　）に適切な関係詞を書き入れなさい．

(1) C'est le chapeau （　　　　　） j'aime le plus.

(2) C'est un DVD （　　　　　） je vous ai parlé hier.

(3) Le Viêt-Nam est le pays （　　　　　） elle est née.

(4) La reine aime un chevalier （　　　　　） s'appelle Lancelot.

② 下線部を強調した文に書き換えなさい．

François a acheté cette bague pour Sylvie.

(1) François

_____

(2) cette bague

_____

(3) pour Sylvie

_____

🔊80 DICTÉE

音声で会話を聴いて，イタリック体の部分を代名詞で言い換えた答えの文を聴き取り，それを下線部に書きなさい．

(1) Où avez-vous trouvé *ce disque*?

— _____ au marché aux puces de Clignancourt.

(2) Tu n'as pas vu *ma valise*?

— Non, _____.

(3) Qui a fait *cette tarte aux fraises*? C'est très bon!

— C'est moi qui _____. Merci!

🔊 81

## Dialogue 10 : Promenade nocturne

Isabelle: On va marcher sur la place Vendôme ? Elle est très belle à cette heure-ci.

Akira: Oui, pourquoi pas. Je ne l'ai pas encore vue la nuit.

Isabelle: Regarde, c'est le Ritz, l'un des plus luxueux hôtels de Paris.

Akira: C'est dans cet hôtel que Billy Wylder a tourné son film avec Audrey Hepburn*.

＊『昼下りの情事 *Love in the Afternoon*』（米 1957）

Isabelle: Je ne l'ai pas encore vu. Tiens, c'est l'appartement où Frédéric Chopin a vécu ses derniers jours.

Akira: Est-ce qu'il est mort à Paris ?

Isabelle: Évidemment. Il est enterré au cimetière du Père Lachaise.

🔊 82 ## GRAMMAIRE

**①　受動態**

＊動作主は par または de によって導かれる.

1）　現在形

**être**（現在形）＋**過去分詞**（主語の性・数に一致）

Je *suis invité* par Claire à faire du tennis samedi prochain.

Marie *est aimée* de tout le monde.

　　　⇔（能動態）Tout le monde aime Marie.

2）　未来形

**être**（未来形）＋**過去分詞**（主語の性・数に一致）

Monsieur Durand *sera élu** nouveau maire de Marseille.

＊élire（活用表 33）の過去分詞

Le magasin *sera fermé* pour travaux du $1^{er}$ au 30 novembre.

3）　複合過去

**avoir**（現在形）＋**été**＋**過去分詞**（主語の性・数に一致）

Ce bâtiment *a été construit* au $17^{ème}$ siècle.

Suite à la grève des musiciens, le concert *a été annulé*.

**48**

*quarante-huit*

🔊 83　❷　さまざまな否定表現 (2)

**ne...que**

Je *n'*aime *que* toi.

Nous *n'*avons *que* cela comme provisions.

Ce petit garçon *n'*a *qu'*un euro dans sa poche.

**ne...plus**

Je *ne* veux *plus* parler avec lui.

Est-ce qu'il y a encore du vin? — Non, il *n'*y en a *plus*.

Je n'aime pas du tout les serpents. — Moi *non plus**.　　＊aussi の否定形

## EXERCICES ·······························································

① 能動態の文は受動態に，受動態の文は能動態に書き換えなさい．

(1) Jules et Jim aiment Catherine.

　　_____

(2) L'orchestre a fasciné tous les auditeurs.

　　_____

(3) Les frères Lumière ont inventé le cinématographe.

　　_____

(4) Les travaux seront terminés avant la fin de l'année.

　　_____

(5) Il est respecté de tous ses collègues.

　　_____

🔊 84　## DICTÉE ·······························································

(1) _____

(2) _____

(3) _____

# Leçon 11

🔊 85  **GRAMMAIRE** ......................................................

**①** 条件法現在

| être | | avoir | |
|------|------|------|------|
| je se**rais** | nous se**rions** | j'au**rais** | nous au**rions** |
| tu se**rais** | vous se**riez** | tu au**rais** | vous au**riez** |
| il se**rait** | ils se**raient** | il au**rait** | ils au**raient** |
| elle se**rait** | elles se**raient** | elle au**rait** | elles au**raient** |

| vouloir | | pouvoir | |
|------|------|------|------|
| je voud**rais** | nous voud**rions** | je pour**rais** | nous pour**rions** |
| tu voud**rais** | vous voud**riez** | tu pour**rais** | vous pour**riez** |
| il voud**rait** | ils voud**raient** | il pour**rait** | ils pour**raient** |
| elle voud**rait** | elles voud**raient** | elle pour**rait** | elles pour**raient** |

1) 現在の事実に反する仮定

   **si＋直説法半過去，条件法現在**

   Si j'étais toi（＝À ta place）, je n'*accepterais* pas la proposition.

   S'il faisait beau, nous *ferions* une excursion.

2) 語調緩和・ていねいな言い方

   Je *voudrais* parler à Monsieur Martin.

   Un jour, j'*aimerais* faire le tour du monde.

   *Pourriez*-vous attendre quelques instants?

   Vous n'*auriez* pas quelque chose de moins cher?

🔊 86  **②** 条件法過去

   **助動詞（avoir, être）の条件法現在＋過去分詞**

1) 過去の事実に反する仮定

   **si＋直説法大過去，条件法過去**

   Si vous étiez parti plus tôt, vous n'*auriez* pas *manqué* le train.

   S'il n'avait pas perdu* toute sa fortune, il n'*aurait* pas *changé* de vie.

   ＊perdre（活用表28）

**50**

*cinquante*

2) 語調緩和・ていねいな言い方

Tu *aurais dû* lui demander un conseil.

Vous *auriez pu* me le dire plus tôt.

### ③ さまざまな否定表現 (3)

**ne...jamais**

Elle *ne* mange *jamais* de viande.

Tu *n'*oublieras *jamais* ce que j'ai dit.

Je *n'*ai *jamais* vu le désert du Sahara.

## EXERCICES

① 例を参考にして，条件法を用いた仮定の文を書きなさい．そして訳しなさい．

（例）Comme je n'ai pas le temps, je ne voyage pas souvent.

　　→ Si j'avais le temps, je voyagerais souvent.

(1) Je ne sors pas, parce qu'il ne fait pas beau.

　→ (                                                          )

_____

(2) Puisque nous ne sommes pas riches, nous n'allons pas au Ritz.

　→ (                                                          )

_____

(3) Sabine est très occupée; elle ne vient pas.

　→ (                                                          )

_____

② 動詞を条件法現在で活用させて（　　）に書き入れ，丁寧な言い方にしなさい．

(1) Comment? (                  )-vous répéter, s'il vous plaît?〔pouvoir〕

(2) (                  )-vous parler un peu plus lentement?〔vouloir〕

(3) J'(                ) bien vous inviter chez nous.〔aimer〕

## DICTÉE

(1) _____

(2) _____

(3) _____

**—51—**

*cinquante et un*

## Dialogue 11 : Si j'étais toi...

Ryoko: Dis Julien, demain, j'aimerais visiter Barbizon. Mais je ne sais pas comment y aller.

Julien: Barbizon ? D'abord, en prenant le train, tu arriveras à la gare de Fontainebleau en une heure environ. Et puis, tu prends le bus.

Ryoko: C'est loin de la gare ?

Julien: Ce n'est pas si proche. De toute façon, si j'étais toi, je n'irais pas là dimanche.

Ryoko: Pourquoi ? Parce qu'il y a beaucoup de touristes ?

Julien: Parce qu'il n'y a aucun bus circulant entre la gare et le village.

Ryoko: C'est vrai ? Je ne le savais pas.

Julien: C'est normal, à la campagne, personne ne travaille le dimanche ! Et même s'il y a des taxis, ça coûte beaucoup plus cher que d'habitude.

Ryoko: J'aurais dû te demander plus tôt.

## GRAMMAIRE

① 現在分詞

**直説法現在一人称複数形の語幹＋ant**

nons *regar*dons → *regar*ant　　nous *choisiss*ons → *choisiss*ant
nous *pren*ons → *pren*ant　　nous *fais*ons → *fais*ant

＊ただし例外もある．être → étant　　avoir → *ay*ant　　savoir → *sach*ant

Dans le monde entier, il y a beaucoup d'enfants *mourant* (= qui meurent) de faim.

J'ai croisé des manifestants *criant* (= qui criait) "Non au nucléaire".

② ジェロンディフ

**en＋現在分詞**

1) 同時性

Il aime conduire *en écoutant* de la musique.
J'ai rencontré Michel *en revenant* de l'école.

2) 条件・譲歩・対立

*En travaillant* plus, tu pourras gagner plus d'argent.
*Tout en pleurant*, elle se sentait heureuse.

90 **3** さまざまな否定表現（4）

**aucun(e), sans**

Il *n'y* a *aucun* problème.　　Je *n'ai aucune* idée.
Je bois du café *sans* sucre.　　Il est interdit de conduire *sans* papier.
Elle est partie *sans* dire un mot.
*Sans* votre aide, je n'aurais pas pu achever ce travail.

## EXERCICES

① 現在分詞を（　　）に書き入れない. そして訳しなさい.

(1) J'ai vu Frédéric (　　　　　　) avec une très belle femme dans un café.
〔bavarder〕

_____

(2) En me (　　　　　), il m'a souri. 〔regarder〕

_____

(3) La femme de Fabien fait la cuisine en (　　　　　) de la bière. 〔boire〕

_____

(4) Tout en (　　　　　), elle était triste. 〔sourire〕

_____

91 ## DICTÉE

(1) _____

(2) _____

(3) _____

# Leçon 12

🔊 92 **GRAMMAIRE** ·······························

「主観」（考えられた事柄）を表し，接続詞 que に導かれる従属節中で用いられる.

**① 接続法現在**

| être | | | | avoir | | | |
|---|---|---|---|---|---|---|---|
| que je | sois | que nous | soyons | que j'aie | | que nous | ayons |
| que tu | sois | que vous | soyez | que tu | aies | que vous | ayez |
| qu'il | soit | qu'ils | soient | qu'il | ait | qu'ils | aient |
| qu'elle | soit | qu'elles | soient | qu'elle | ait | qu'elles | aient |

| partir | | | | pouvoir | | | |
|---|---|---|---|---|---|---|---|
| que je | parte | que nous | partions | que je | puisse | que nous | puissions |
| que tu | partes | que vous | partiez | que tu | puisses | que vous | puissiez |
| qu'il | parte | qu'ils | partent | qu'il | puisse | qu'ils | puissent |
| qu'elle | parte | qu'elles | partent | qu'elle | puisse | qu'elles | puissent |

| aller | | | | venir | | | |
|---|---|---|---|---|---|---|---|
| que j'aille | | que nous | allions | que je | vienne | que nous | venions |
| que tu | ailles | que vous | alliez | que tu | viennes | que vous | veniez |
| qu'il | aille | qu'ils | aillent | qu'il | vienne | qu'ils | viennent |
| qu'elle | aille | qu'elles | aillent | qu'elle | vienne | qu'elles | viennent |

🔊 93

1) 欲求・感情・願望を表す場合

Tu veux que je *vienne* te chercher chez toi ?

Je suis content que tu *sois* très heureuse en Corse.

Je souhaite que nous *puissions* nous revoir un de ces jours.

2) 不安・不信などを表す場合

Je crains* qu'elle ne *vienne* pas.
　　　　　　　　＊craindre（活用表 30）

Je ne crois pas que ce *soit* un menteur.

3) 主節が判断や感情を表す非人称構文の場合

Il vaut mieux que vous *partiez* tout de suite.

Il se fait tard. Il faut que je *m'en aille*.

Il est nécessaire que vous *vous adressiez* à la préfecture.

4) 目的・譲歩などを表す場合

Pour que nous *puissions* entrer dans l'immeuble, il nous faut le code.
Bien qu'il *pleuve* à verse, il est sorti.
Quoi qu'il *arrive*, je n'abandonnerai jamais ce projet.

# EXERCICES

① 【選択肢】の動詞を接続法現在で活用させて（　　）に書き入れなさい．そして訳しなさい．

【accompagner, avoir, prendre, réussir】

(1) Vous voulez que je vous (　　　　　　　) jusqu'à la gare?

_____

(2) Je souhaite qu'il (　　　　　　) à l'examen.

_____

(3) Il faut que je (　　　　　　) le dernier métro.

_____

(4) Je ne crois pas qu'il (　　　　　　) 70 ans; il fait plus jeune.

_____

② 仏文和訳

(1) Ne pars pas loin, et rentre avant qu'il fasse nuit.

_____

(2) Bien qu'elle soit fatiguée, elle ne cesse de travailler.

_____

(3) Quoi qu'on dise, je m'en fous.

_____

# DICTÉE

(1) _____

(2) _____

(3) _____

## Dialogue 12 : Allons-y !

Isabelle: Julien, laisse-moi partir.

Julien: Non, Isabelle, reste avec moi.
Je t'aime !

Isabelle: Ce n'est pas possible. J'ai décidé de vivre au Japon. Il faut que je parte.

Julien: Non ! Je ne crois pas que tu puisses me quitter comme ça.

Isabelle: Julien, tu es mon meilleur ami, tu sais ?

Julien: Tu es méchante, toi.

Isabelle: Sois raisonnable, s'il te plaît. Je t'aime bien. Mais, je veux tenter ma chance là-bas.

Julien: D'accord… Je souhaite que tu sois heureuse.

Isabelle: Tu me laisses partir ? Merci, Julien… Tu es très gentil.

Akira: …Alors, Isabelle, Julien, c'est fini, la comédie ?

I. et J.: Oui. (*rire*)

Ryoko: Bon, c'est l'heure de l'embarquement. Tout le monde à bord !

Akira: Et demain, nous serons au Japon.

Les quatre: Allons-y !

## GRAMMAIRE

**① 接続法過去**

> 助動詞 (**avoir, être**) の接続法現在＋過去分詞

Je suis heureux que tu *aies réussi* à l'examen.
Il est impossible que le champion *ait perdu*.
C'est dommage qu'ils ne *soient* pas *venus*.

**② 使役動詞・知覚動詞**

*Faites*-moi sortir !
Nathalie va *se faire* couper les cheveux.
Je vous *laisse* réfléchir.
Beaucoup de gens *ont vu* passer un OVNI dans le ciel de Carcassonne.

## Vocabulaire

science (*m.*) 学問・科学　philosophie (*f.*) 哲学　théologie (*f.*) 神学　littérature (*f.*) 文学
poétique (*f.*) 詩学　esthétique (*f.*) 美学　droit (*m.*) 法律(学)　sociologie (*f.*) 社会学
médecine (*f.*) 医学　physique (*f.*) 物理学　chimie (*f.*) 化学　pharmacie (*f.*) 薬学
astronomie (*f.*) 天文学　psychologie (*f.*) 心理学
psychanalyse (*f.*) 精神分析学　anthropologie culturelle (*f.*) 文化人類学
technologie (*f.*) 工学　sciences politiques (sciences économiques) (*f.*) 政治学 (経済学)

## EXERCICES

① 各文を接続法過去を用いて書き換えなさい．そして訳しなさい．

(1) Vous êtes venu à la fête de notre mariage.

→ Nous sommes très contents que ＿＿＿＿＿＿＿＿＿＿ à la fête de notre mariage.

＿＿＿＿＿＿＿＿＿＿＿＿＿＿＿＿＿＿＿＿＿＿＿＿＿＿＿＿＿＿

(2) Tu n'as pas vu ce film.

→ C'est dommage que ＿＿＿＿＿＿＿＿＿＿ ce film.

＿＿＿＿＿＿＿＿＿＿＿＿＿＿＿＿＿＿＿＿＿＿＿＿＿＿＿＿＿＿

(3) Vous n'avez pas écouté ma fille jouer du piano.

→ Je regrette que ＿＿＿＿＿＿＿＿＿＿ ma fille jouer du piano.

＿＿＿＿＿＿＿＿＿＿＿＿＿＿＿＿＿＿＿＿＿＿＿＿＿＿＿＿＿＿

## 97 DICTÉE

(1) ＿＿＿＿＿＿＿＿＿＿＿＿＿＿＿＿＿＿＿＿＿＿＿＿＿＿＿＿＿

(2) ＿＿＿＿＿＿＿＿＿＿＿＿＿＿＿＿＿＿＿＿＿＿＿＿＿＿＿＿＿

(3) ＿＿＿＿＿＿＿＿＿＿＿＿＿＿＿＿＿＿＿＿＿＿＿＿＿＿＿＿＿

« LIBERTÉ, ÉGALITÉ, FRATERNITÉ »
La devise de la République française

# 巻末補遺 Appendice

**①** 部分冠詞，数えられない名詞（物質名詞）・抽象名詞

- 気体，液体： air（空気）, gaz（ガス）, eau（水）, huile（油）, café（コーヒー）, lait（牛乳）, thé（紅茶）, jus（ジュース）, alcool（アルコール）, vin（ワイン）, bière（ビール）…
- 固体（塊）， 粒状のもの： bœuf（牛肉）, pain（パン）, poisson（魚）, salade（サラダ）, viande（肉）, jambon（ハム）, fromage（チーズ）, beurre（バター）, confiture（ジャム）, riz（米）, sucre（砂糖）, sel（塩）, sable（砂）, fer（鉄）, bois（木材）, soie（絹）…
- その他： feu（火）, lumière（光）, argent（お金）, musique（音楽）…
- 抽象名詞： amour（愛）, courage（勇気）, ambition（野心）, chance（運）…

1) 「ある程度の量」が問題となるとき，部分冠詞が用いられる.

**Du** pain（**De l'**eau）, s'il vous plaît.（パン［水］を下さい）

Vous avez **de la** chance.（あなたは運がいい）

J'écoute **de la** musique.（私は音楽を聴く）

\* 日常会話では，vouloir（欲しい）, avoir（持っている）, manger（食べる）, boire（飲む）, prendre（注文する）といった動詞とともに用いることが多い.

Vous voulez **du** café?（コーヒーはいりますか？）

Vous avez **de l'**argent?（お金を持っていますか？）

Vous mangez **du** poisson cru?（生魚は食べますか？）

2) 注文するときは**不定冠詞**や**数詞**をつける.

*Un* café et *une* salade, s'il vous plaît.

*Deux* thés, s'il vous plaît.

3) 総称（〜というもの）として扱う場合は**定冠詞**を用いる.

J'aime *le* café.（私はコーヒーが好きです）

*Le* vin est bon pour la santé.（ワインは健康に良い）

**②** 名詞・形容詞の特殊な複数形

1) 語末が **-s, -x**（そのまま）

un Japonais → des Japonais    le prix → les prix

mauvais → mauvais    faux → faux

2) 語末が **-eu, -eau** → **x** をつける

un bat*eau* → des bat*eau***x**

b*eau* → beau**x**        \* ただし bleu → bleu**s**

**58**

*cinquante-huit*

3) 語末が **-al, -ail → -aux**
　un anim*al* → des anim**aux**　　　＊ただし festival → festivals
　soci*al* → soci**aux**　　spéci*al* → spéci**aux**
　le trav*ail* → les trav**aux**　　le vitr*ail* → les vitr**aux**

98 ★数詞に続けて an(s) を発音してみよう.

un an　　deux ans　　trois ans　　quatre ans　　cinq ans

six ans　　sept ans　　huit ans　　neuf ans*　　dix ans

onze ans　　douze ans　　treize ans　　quatorze ans　　quinze ans

seize ans　　dix-sept ans　　dix-huit ans　　dix-neuf ans*　　vingt ans

vingt et un ans　　vingt-deux ans　　vingt-trois ans…

＊neuf の f の発音は [v] になる.

99 ★数詞に続けて heure(s) を発音してみよう.

une heure　　deux heures　　trois heures　　quatre heures　　cinq heures

six heures　　sept heures　　huit heures　　neuf heures*　　dix heures

onze heures　　douze heures　　treize heures　　quatorze heures　　quinze heures

seize heures　　dix-sept heures　　dix-huit heures　　dix-neuf heures*　　vingt heures

vingt et une heures　　vingt-deux heures　　vingt-trois heures　　（minuit）

＊neuf の f の発音は [v] になる.

**59**
*cinquante-neuf*

装丁・本文イラスト：廉　善恵

ラ・トゥール
―フランス語初級文法と会話―
（二訂版）

山 口 俊 洋
野 津 寛　　　著
Geoffroy de Pontbriand

2013. 3. 1　初版発行
2025. 4. 1　二訂版発行

発行者　上 野 名 保 子

発行所　〒101-0062 東京都千代田区神田駿河台３の７　株式
　　　　電 話 03（3291）1676　FAX 03（3291）1675　会社　駿河台出版社

印刷・製本　（株）フォレスト
http://www.e-surugadai.com
ISBN978-4-411-01491-7

# 動　詞　活　用　表

◇ 活用表中，現在分詞と過去分詞はイタリック体，
　また書体の違う活用は，とくに注意すること．

| | | | | | |
|---|---|---|---|---|---|
| accueillir | 22 | écrire | 40 | pleuvoir | 61 |
| acheter | 10 | émouvoir | 55 | pouvoir | 54 |
| acquérir | 26 | employer | 13 | préférer | 12 |
| aimer | 7 | envoyer | 15 | prendre | 29 |
| aller | 16 | être | 2 | recevoir | 52 |
| appeler | 11 | être aimé(e)(s) | 5 | rendre | 28 |
| (s')asseoir | 60 | être allé(e)(s) | 4 | résoudre | 42 |
| avoir | 1 | faire | 31 | rire | 48 |
| avoir aimé | 3 | falloir | 62 | rompre | 50 |
| battre | 46 | finir | 17 | savoir | 56 |
| boire | 41 | fuir | 27 | sentir | 19 |
| commencer | 8 | (se) lever | 6 | suffire | 34 |
| conclure | 49 | lire | 33 | suivre | 38 |
| conduire | 35 | manger | 9 | tenir | 20 |
| connaître | 43 | mettre | 47 | vaincre | 51 |
| coudre | 37 | mourir | 25 | valoir | 59 |
| courir | 24 | naître | 44 | venir | 21 |
| craindre | 30 | ouvrir | 23 | vivre | 39 |
| croire | 45 | partir | 18 | voir | 57 |
| devoir | 53 | payer | 14 | vouloir | 58 |
| dire | 32 | plaire | 36 | | |

## ◇ 単純時称の作り方

| 不定法 | | 直説法現在 | | | | 接続法現在 | | 直説法半過去 | |
|---|---|---|---|---|---|---|---|---|---|
| —er [e]<br>—ir [ir]<br>—re [r]<br>—oir [war] | je (j')<br>tu<br>il | —e [無音]<br>—es [無音]<br>—e [無音] | —s [無音]<br>—s [無音]<br>—t [無音] | | —e [無音]<br>—es [無音]<br>—e [無音] | | —ais [ɛ]<br>—ais [ɛ]<br>—ait [ɛ] | |

| 現在分詞 | nous | —ons [ɔ̃] | —ions [jɔ̃] | —ions [jɔ̃] |
|---|---|---|---|---|
| —ant [ɑ̃] | vous | —ez [e] | —iez [je] | —iez [je] |
| | ils | —ent [無音] | —ent [無音] | —aient [ɛ] |

| | 直説法単純未来 | | 条件法現在 | |
|---|---|---|---|---|
| je (j') | —rai | [re] | —rais | [rɛ] |
| tu | —ras | [rɑ] | —rais | [rɛ] |
| il | —ra | [ra] | —rait | [rɛ] |
| nous | —rons | [rɔ̃] | —rions | [rjɔ̃] |
| vous | —rez | [re] | —riez | [rje] |
| ils | —ront | [rɔ̃] | —raient | [rɛ] |

| | 直 説 法 単 純 過 去 | | | | | |
|---|---|---|---|---|---|---|
| je | —ai | [e] | —is | [i] | —us | [y] |
| tu | —as | [ɑ] | —is | [i] | —us | [y] |
| il | —a | [a] | —it | [i] | —ut | [y] |
| nous | —âmes | [am] | —îmes | [im] | —ûmes | [ym] |
| vous | —âtes | [at] | —îtes | [it] | —ûtes | [yt] |
| ils | —èrent | [ɛr] | —irent | [ir] | —urent | [yr] |

| 過去分詞 | —é [e], —i [i], —u [y], —s [無音], —t [無音] |
|---|---|

①**直説法現在**の単数形は，第一群動詞では—e，—es，—e；他の動詞ではほとんど—s，—s，—t.

②直説法現在と接続法現在では，nous, vous の語幹が，他の人称の語幹と異なること（母音交替）がある.

③**命令法**は，直説法現在の tu, nous, vous をとった形.（ただし—es → e　vas → va）

④**接続法現在**は，多く直説法現在の３人称複数形から作られる. ils partent → je parte.

⑤**直説法半過去**と**現在分詞**は，直説法現在の１人称複数形から作られる.

⑥**直説法単純未来**と**条件法現在**は多く不定法から作られる. aimer → j'aimerai, finir → je finirai, rendre → je rendrai(-oir 型の語幹は不規則).

## 1. avoir

| | 直　説　法 | | |
|---|---|---|---|
| | 現　在 | 半　過　去 | 単　純　過　去 |
| 現在分詞 | j' ai | j' avais | j' eus [y] |
| ayant | tu as | tu avais | tu eus |
| | il a | il avait | il eut |
| 過去分詞 | nous avons | nous avions | nous eûmes |
| eu [y] | vous avez | vous aviez | vous eûtes |
| | ils ont | ils avaient | ils eurent |
| 命　令　法 | 複　合　過　去 | 大　過　去 | 前　過　去 |
| | j' ai eu | j' avais eu | j' eus eu |
| aie | tu as eu | tu avais eu | tu eus eu |
| | il a eu | il avait eu | il eut eu |
| ayons | nous avons eu | nous avions eu | nous eûmes eu |
| ayez | vous avez eu | vous aviez eu | vous eûtes eu |
| | ils ont eu | ils avaient eu | ils eurent eu |

## 2. être

| | 直　説　法 | | |
|---|---|---|---|
| | 現　在 | 半　過　去 | 単　純　過　去 |
| 現在分詞 | je suis | j' étais | je fus |
| étant | tu es | tu étais | tu fus |
| | il est | il était | il fut |
| 過去分詞 | nous sommes | nous étions | nous fûmes |
| été | vous êtes | vous étiez | vous fûtes |
| | ils sont | ils étaient | ils furent |
| 命　令　法 | 複　合　過　去 | 大　過　去 | 前　過　去 |
| | j' ai été | j' avais été | j' eus été |
| sois | tu as été | tu avais été | tu eus été |
| | il a été | il avait été | il eut été |
| soyons | nous avons été | nous avions été | nous eûmes été |
| soyez | vous avez été | vous aviez été | vous eûtes été |
| | ils ont été | ils avaient été | ils eurent été |

## 3. avoir aimé

| ［複合時称］ | 直　説　法 | | |
|---|---|---|---|
| | 複　合　過　去 | 大　過　去 | 前　過　去 |
| 分詞複合形 | j' ai aimé | j' avais aimé | j' eus aimé |
| ayant aimé | tu as aimé | tu avais aimé | tu eus aimé |
| | il a aimé | il avait aimé | il eut aimé |
| 命　令　法 | elle a aimé | elle avait aimé | elle eut aimé |
| aie aimé | nous avons aimé | nous avions aimé | nous eûmes aimé |
| ayons aimé | vous avez aimé | vous aviez aimé | vous eûtes aimé |
| | ils ont aimé | ils avaient aimé | ils eurent aimé |
| ayez aimé | elles ont aimé | elles avaient aimé | elles eurent aimé |

## 4. être allé(e)(s)

| ［複合時称］ | 直　説　法 | | |
|---|---|---|---|
| | 複　合　過　去 | 大　過　去 | 前　過　去 |
| 分詞複合形 | je suis allé(e) | j' étais allé(e) | je fus allé(e) |
| étant allé(e)(s) | tu es allé(e) | tu étais allé(e) | tu fus allé(e) |
| | il est allé | il était allé | il fut allé |
| 命　令　法 | elle est allée | elle était allée | elle fut allée |
| sois allé(e) | nous sommes allé(e)s | nous étions allé(e)s | nous fûmes allé(e)s |
| soyons allé(e)s | vous êtes allé(e)(s) | vous étiez allé(e)(s) | vous fûtes allé(e)(s) |
| soyez allé(e)(s) | ils sont allés | ils étaient allés | ils furent allés |
| | elles sont allées | elles étaient allées | elles furent allées |

| 単 純 未 来 | | 条 件 法 現 在 | | 接 続 法 現 在 | | 半 過 去 | |
|---|---|---|---|---|---|---|---|
| j' | aurai | j' | aurais | j' | aie | j' | eusse |
| tu | auras | tu | aurais | tu | aies | tu | eusses |
| il | aura | il | aurait | il | ait | il | eût |
| nous | aurons | nous | aurions | nous | ayons | nous | eussions |
| vous | aurez | vous | auriez | vous | ayez | vous | eussiez |
| ils | auront | ils | auraient | ils | aient | ils | eussent |
| **前 未 来** | | **過 去** | | **過 去** | | **大 過 去** | |
| j' | aurai eu | j' | aurais eu | j' | aie eu | j' | eusse eu |
| tu | auras eu | tu | aurais eu | tu | aies eu | tu | eusses eu |
| il | aura eu | il | aurait eu | il | ait eu | il | eût eu |
| nous | aurons eu | nous | aurions eu | nous | ayons eu | nous | eussions eu |
| vous | aurez eu | vous | auriez eu | vous | ayez eu | vous | eussiez eu |
| ils | auront eu | ils | auraient eu | ils | aient eu | ils | eussent eu |

| 単 純 未 来 | | 条 件 法 現 在 | | 接 続 法 現 在 | | 半 過 去 | |
|---|---|---|---|---|---|---|---|
| je | serai | je | serais | je | sois | je | fusse |
| tu | seras | tu | serais | tu | sois | tu | fusses |
| il | sera | il | serait | il | soit | il | fût |
| nous | serons | nous | serions | nous | soyons | nous | fussions |
| vous | serez | vous | seriez | vous | soyez | vous | fussiez |
| ils | seront | ils | seraient | ils | soient | ils | fussent |
| **前 未 来** | | **過 去** | | **過 去** | | **大 過 去** | |
| j' | aurai été | j' | aurais été | j' | aie été | j' | eusse été |
| tu | auras été | tu | aurais été | tu | aies été | tu | eusses été |
| il | aura été | il | aurait été | il | ait été | il | eût été |
| nous | aurons été | nous | aurions été | nous | ayons été | nous | eussions été |
| vous | aurez été | vous | auriez été | vous | ayez été | vous | eussiez été |
| ils | auront été | ils | auraient été | ils | aient été | ils | eussent été |

| 前 未 来 | | 条 件 法 過 去 | | 接 続 法 過 去 | | 大 過 去 | |
|---|---|---|---|---|---|---|---|
| j' | aurai aimé | j' | aurais aimé | j' | aie aimé | j' | eusse aimé |
| tu | auras aimé | tu | aurais aimé | tu | aies aimé | tu | eusses aimé |
| il | aura aimé | il | aurait aimé | il | ait aimé | il | eût aimé |
| elle | aura aimé | elle | aurait aimé | elle | ait aimé | elle | eût aimé |
| nous | aurons aimé | nous | aurions aimé | nous | ayons aimé | nous | eussions aimé |
| vous | aurez aimé | vous | auriez aimé | vous | ayez aimé | vous | eussiez aimé |
| ils | auront aimé | ils | auraient aimé | ils | aient aimé | ils | eussent aimé |
| elles | auront aimé | elles | auraient aimé | elles | aient aimé | elles | eussent aimé |

| 前 未 来 | | 条 件 法 過 去 | | 接 続 法 過 去 | | 大 過 去 | |
|---|---|---|---|---|---|---|---|
| je | serai allé(e) | je | serais allé(e) | je | sois allé(e) | je | fusse allé(e) |
| tu | seras allé(e) | tu | serais allé(e) | tu | sois allé(e) | tu | fusses allé(e) |
| il | sera allé | il | serait allé | il | soit allé | il | fût allé |
| elle | sera allée | elle | serait allée | elle | soit allée | elle | fût allée |
| nous | serons allé(e)s | nous | serions allé(e)s | nous | soyons allé(e)s | nous | fussions allé(e)s |
| vous | serez allé(e)(s) | vous | seriez allé(e)(s) | vous | soyez allé(e)(s) | vous | fussiez allé(e)(s) |
| ils | seront allés | ils | seraient allés | ils | soient allés | ils | fussent allés |
| elles | seront allées | elles | seraient allées | elles | soient allées | elles | fussent allées |

## 5. être aimé(e)(s) ［受動態］

| 直　説　法 | | 接　続　法 |
|---|---|---|

**現　在**

| | | | | | | | | | | |
|---|---|---|---|---|---|---|---|---|---|---|
| je | suis | aimé(e) | j' | ai | été | aimé(e) | je | sois | | aimé(e) |
| tu | es | aimé(e) | tu | as | été | aimé(e) | tu | sois | | aimé(e) |
| il | est | aimé | il | a | été | aimé | il | soit | | aimé |
| elle | est | aimée | elle | a | été | aimée | elle | soit | | aimée |
| nous | sommes | aimé(e)s | nous | avons | été | aimé(e)s | nous | soyons | | aimé(e)s |
| vous | êtes | aimé(e)(s) | vous | avez | été | aimé(e)(s) | vous | soyez | | aimé(e)(s) |
| ils | sont | aimés | ils | ont | été | aimés | ils | soient | | aimés |
| elles | sont | aimées | elles | ont | été | aimées | elles | soient | | aimées |

*半過去 ／ 大過去 ／ 過去*

| | | | | | | | | | | |
|---|---|---|---|---|---|---|---|---|---|---|
| j' | étais | aimé(e) | j' | avais | été | aimé(e) | j' | aie | été | aimé(e) |
| tu | étais | aimé(e) | tu | avais | été | aimé(e) | tu | aies | été | aimé(e) |
| il | était | aimé | il | avait | été | aimé | il | ait | été | aimé |
| elle | était | aimée | elle | avait | été | aimée | elle | ait | été | aimée |
| nous | étions | aimé(e)s | nous | avions | été | aimé(e)s | nous | ayons | été | aimé(e)s |
| vous | étiez | aimé(e)(s) | vous | aviez | été | aimé(e)(s) | vous | ayez | été | aimé(e)(s) |
| ils | étaient | aimés | ils | avaient | été | aimés | ils | aient | été | aimés |
| elles | étaient | aimées | elles | avaient | été | aimées | elles | aient | été | aimées |

*単純過去 ／ 前過去 ／ 半過去*

| | | | | | | | | | | |
|---|---|---|---|---|---|---|---|---|---|---|
| je | fus | aimé(e) | j' | eus | été | aimé(e) | je | fusse | | aimé(e) |
| tu | fus | aimé(e) | tu | eus | été | aimé(e) | tu | fusses | | aimé(e) |
| il | fut | aimé | il | eut | été | aimé | il | fût | | aimé |
| elle | fut | aimée | elle | eut | été | aimée | elle | fût | | aimée |
| nous | fûmes | aimé(e)s | nous | eûmes | été | aimé(e)s | nous | fussions | | aimé(e)s |
| vous | fûtes | aimé(e)(s) | vous | eûtes | été | aimé(e)(s) | vous | fussiez | | aimé(e)(s) |
| ils | furent | aimés | ils | eurent | été | aimés | ils | fussent | | aimés |
| elles | furent | aimées | elles | eurent | été | aimées | elles | fussent | | aimées |

*単純未来 ／ 前未来 ／ 大過去*

| | | | | | | | | | | |
|---|---|---|---|---|---|---|---|---|---|---|
| je | serai | aimé(e) | j' | aurai | été | aimé(e) | j' | eusse | été | aimé(e) |
| tu | seras | aimé(e) | tu | auras | été | aimé(e) | tu | eusses | été | aimé(e) |
| il | sera | aimé | il | aura | été | aimé | il | eût | été | aimé |
| elle | sera | aimée | elle | aura | été | aimée | elle | eût | été | aimée |
| nous | serons | aimé(e)s | nous | aurons | été | aimé(e)s | nous | eussions | été | aimé(e)s |
| vous | serez | aimé(e)(s) | vous | aurez | été | aimé(e)(s) | vous | eussiez | été | aimé(e)(s) |
| ils | seront | aimés | ils | auront | été | aimés | ils | eussent | été | aimés |
| elles | seront | aimées | elles | auront | été | aimées | elles | eussent | été | aimées |

| 条　件　法 | | 現在分詞 |
|---|---|---|

**現　在 ／ 過去**

étant aimé(e)(s)

| | | | | | | |
|---|---|---|---|---|---|---|
| je | serais | aimé(e) | j' | aurais | été | aimé(e) |
| tu | serais | aimé(e) | tu | aurais | été | aimé(e) |
| il | serait | aimé | il | aurait | été | aimé |
| elle | serait | aimée | elle | aurait | été | aimée |
| nous | serions | aimé(e)s | nous | aurions | été | aimé(e)s |
| vous | seriez | aimé(e)(s) | vous | auriez | été | aimé(e)(s) |
| ils | seraient | aimés | ils | auraient | été | aimés |
| elles | seraient | aimées | elles | auraient | été | aimées |

**過去分詞**

été aimé(e)(s)

**命　令　法**

| | |
|---|---|
| sois | aimé(e)s |
| soyons | aimé(e)s |
| soyez | aimé(e)(s) |

## 6. se lever ［代名動詞］

| 直　説　法 | | 接　続　法 |
|---|---|---|

### 直　説　法

#### 現　在
| | | |
|---|---|---|
| je | me | lève |
| tu | te | lèves |
| il | se | lève |
| elle | se | lève |
| nous | nous | levons |
| vous | vous | levez |
| ils | se | lèvent |
| elles | se | lèvent |

#### 複　合　過　去
| | | | |
|---|---|---|---|
| je | me | suis | levé(e) |
| tu | t' | es | levé(e) |
| il | s' | est | levé |
| elle | s' | est | levée |
| nous | nous | sommes | levé(e)s |
| vous | vous | êtes | levé(e)(s) |
| ils | se | sont | levés |
| elles | se | sont | levées |

### 接　続　法

#### 現　在
| | | |
|---|---|---|
| je | me | lève |
| tu | te | lèves |
| il | se | lève |
| elle | se | lève |
| nous | nous | levions |
| vous | vous | leviez |
| ils | se | lèvent |
| elles | se | lèvent |

#### 半　過　去
| | | |
|---|---|---|
| je | me | levais |
| tu | te | levais |
| il | se | levait |
| elle | se | levait |
| nous | nous | levions |
| vous | vous | leviez |
| ils | se | levaient |
| elles | se | levaient |

#### 大　過　去
| | | | |
|---|---|---|---|
| je | m' | étais | levé(e) |
| tu | t' | étais | levé(e) |
| il | s' | était | levé |
| elle | s' | était | levée |
| nous | nous | étions | levé(e)s |
| vous | vous | étiez | levé(e)(s) |
| ils | s' | étaient | levés |
| elles | s' | étaient | levées |

#### 過　去
| | | | |
|---|---|---|---|
| je | me | sois | levé(e) |
| tu | te | sois | levé(e) |
| il | se | soit | levé |
| elle | se | soit | levée |
| nous | nous | soyons | levé(e)s |
| vous | vous | soyez | levé(e)(s) |
| ils | se | soient | levés |
| elles | se | soient | levées |

#### 単　純　過　去
| | | |
|---|---|---|
| je | me | levai |
| tu | te | levas |
| il | se | leva |
| elle | se | leva |
| nous | nous | levâmes |
| vous | vous | levâtes |
| ils | se | levèrent |
| elles | se | levèrent |

#### 前　過　去
| | | | |
|---|---|---|---|
| je | me | fus | levé(e) |
| tu | te | fus | levé(e) |
| il | se | fut | levé |
| elle | se | fut | levée |
| nous | nous | fûmes | levé(e)s |
| vous | vous | fûtes | levé(e)(s) |
| ils | se | furent | levés |
| elles | se | furent | levées |

#### 半　過　去
| | | |
|---|---|---|
| je | me | levasse |
| tu | te | levasses |
| il | se | levât |
| elle | se | levât |
| nous | nous | levassions |
| vous | vous | levassiez |
| ils | se | levassent |
| elles | se | levassent |

#### 単　純　未　来
| | | |
|---|---|---|
| je | me | lèverai |
| tu | te | lèveras |
| il | se | lèvera |
| elle | se | lèvera |
| nous | nous | lèverons |
| vous | vous | lèverez |
| ils | se | lèveront |
| elles | se | lèveront |

#### 前　未　来
| | | | |
|---|---|---|---|
| je | me | serai | levé(e) |
| tu | te | seras | levé(e) |
| il | se | sera | levé |
| elle | se | sera | levée |
| nous | nous | serons | levé(e)s |
| vous | vous | serez | levé(e)(s) |
| ils | se | seront | levés |
| elles | se | seront | levées |

#### 大　過　去
| | | | |
|---|---|---|---|
| je | me | fusse | levé(e) |
| tu | te | fusses | levé(e) |
| il | se | fût | levé |
| elle | se | fût | levée |
| nous | nous | fussions | levé(e)s |
| vous | vous | fussiez | levé(e)(s) |
| ils | se | fussent | levés |
| elles | se | fussent | levées |

### 条　件　法

#### 現　在
| | | |
|---|---|---|
| je | me | lèverais |
| tu | te | lèverais |
| il | se | lèverait |
| elle | se | lèverait |
| nous | nous | lèverions |
| vous | vous | lèveriez |
| ils | se | lèveraient |
| elles | se | lèveraient |

#### 過　去
| | | | |
|---|---|---|---|
| je | me | serais | levé(e) |
| tu | te | serais | levé(e) |
| il | se | serait | levé |
| elle | se | serait | levée |
| nous | nous | serions | levé(e)s |
| vous | vous | seriez | levé(e)(s) |
| ils | se | seraient | levés |
| elles | se | seraient | levées |

### 現在分詞

se levant

### 命　令　法

lève-toi
levons-nous
levez-vous

◇ se が間接補語のとき過去分詞は性・数の変化をしない.

| 不定法<br>現在分詞<br>過去分詞 | 直　説　法 | | | |
|---|---|---|---|---|
| | 現　　在 | 半　過　去 | 単純過去 | 単純未来 |
| **7. aimer**<br><br>*aimant*<br>*aimé* | j' aime<br>tu aimes<br>il aime<br>n. aimons<br>v. aimez<br>ils aiment | j' aimais<br>tu aimais<br>il aimait<br>n. aimions<br>v. aimiez<br>ils aimaient | j' aimai<br>tu aimas<br>il aima<br>n. aimâmes<br>v. aimâtes<br>ils aimèrent | j' aimerai<br>tu aimeras<br>il aimera<br>n. aimerons<br>v. aimerez<br>ils aimeront |
| **8. commencer**<br><br>*commençant*<br>*commencé* | je commence<br>tu commences<br>il commence<br>n. commençons<br>v. commencez<br>ils commencent | je commençais<br>tu commençais<br>il commençait<br>n. commencions<br>v. commenciez<br>ils commençaient | je commençai<br>tu commenças<br>il commença<br>n. commençâmes<br>v. commençâtes<br>ils commencèrent | je commencerai<br>tu commenceras<br>il commencera<br>n. commencerons<br>v. commencerez<br>ils commenceront |
| **9. manger**<br><br>*mangeant*<br>*mangé* | je mange<br>tu manges<br>il mange<br>n. mangeons<br>v. mangez<br>ils mangent | je mangeais<br>tu mangeais<br>il mangeait<br>n. mangions<br>v. mangiez<br>ils mangeaient | je mangeai<br>tu mangeas<br>il mangea<br>n. mangeâmes<br>v. mangeâtes<br>ils mangèrent | je mangerai<br>tu mangeras<br>il mangera<br>n. mangerons<br>v. mangerez<br>ils mangeront |
| **10. acheter**<br><br>*achetant*<br>*acheté* | j' achète<br>tu achètes<br>il achète<br>n. achetons<br>v. achetez<br>ils achètent | j' achetais<br>tu achetais<br>il achetait<br>n. achetions<br>v. achetiez<br>ils achetaient | j' achetai<br>tu achetas<br>il acheta<br>n. achetâmes<br>v. achetâtes<br>ils achetèrent | j' achèterai<br>tu achèteras<br>il achètera<br>n. achèterons<br>v. achèterez<br>ils achèteront |
| **11. appeler**<br><br>*appelant*<br>*appelé* | j' appelle<br>tu appelles<br>il appelle<br>n. appelons<br>v. appelez<br>ils appellent | j' appelais<br>tu appelais<br>il appelait<br>n. appelions<br>v. appeliez<br>ils appelaient | j' appelai<br>tu appelas<br>il appela<br>n. appelâmes<br>v. appelâtes<br>ils appelèrent | j' appellerai<br>tu appelleras<br>il appellera<br>n. appellerons<br>v. appellerez<br>ils appelleront |
| **12. préférer**<br><br>*préférant*<br>*préféré* | je préfère<br>tu préfères<br>il préfère<br>n. préférons<br>v. préférez<br>ils préfèrent | je préférais<br>tu préférais<br>il préférait<br>n. préférions<br>v. préfériez<br>ils préféraient | je préférai<br>tu préféras<br>il préféra<br>n. préférâmes<br>v. préférâtes<br>ils préférèrent | je préférerai<br>tu préféreras<br>il préférera<br>n. préférerons<br>v. préférerez<br>ils préféreront |
| **13. employer**<br><br>*employant*<br>*employé* | j' emploie<br>tu emploies<br>il emploie<br>n. employons<br>v. employez<br>ils emploient | j' employais<br>tu employais<br>il employait<br>n. employions<br>v. employiez<br>ils employaient | j' employai<br>tu employas<br>il employa<br>n. employâmes<br>v. employâtes<br>ils employèrent | j' emploierai<br>tu emploieras<br>il emploiera<br>n. emploierons<br>v. emploierez<br>ils emploieront |

| 条　件　法 | 接　続　法 | | 命　令　法 | 同　型 |
|---|---|---|---|---|
| 現　在 | 現　在 | 半　過　去 | | |
| j' aimerais<br>tu aimerais<br>il aimerait<br>n. aimerions<br>v. aimeriez<br>ils aimeraient | j' aime<br>tu aimes<br>il aime<br>n. aimions<br>v. aimiez<br>ils aiment | j' aimasse<br>tu aimasses<br>il aimât<br>n. aimassions<br>v. aimassiez<br>ils aimassent | aime<br><br>aimons<br>aimez | 囲語尾 -er の動詞<br>(除：aller, envoyer)<br>を**第一群規則動詞**と<br>もいう. |
| je commencerais<br>tu commencerais<br>il commencerait<br>n. commencerions<br>v. commenceriez<br>ils commenceraient | je commence<br>tu commences<br>il commence<br>n. commencions<br>v. commenciez<br>ils commencent | je commençasse<br>tu commençasses<br>il commençât<br>n. commençassions<br>v. commençassiez<br>ils commençassent | commence<br><br>commençons<br>commencez | **avancer<br>effacer<br>forcer<br>lancer<br>placer<br>prononcer<br>remplacer<br>renoncer** |
| je mangerais<br>tu mangerais<br>il mangerait<br>n. mangerions<br>v. mangeriez<br>ils mangeraient | je mange<br>tu manges<br>il mange<br>n. mangions<br>v. mangiez<br>ils mangent | je mangeasse<br>tu mangeasses<br>il mangeât<br>n. mangeassions<br>v. mangeassiez<br>ils mangeassent | mange<br><br>mangeons<br>mangez | **arranger<br>changer<br>charger<br>déranger<br>engager<br>manger<br>obliger<br>voyager** |
| j' achèterais<br>tu achèterais<br>il achèterait<br>n. achèterions<br>v. achèteriez<br>ils achèteraient | j' achète<br>tu achètes<br>il achète<br>n. achetions<br>v. achetiez<br>ils achètent | j' achetasse<br>tu achetasses<br>il achetât<br>n. achetassions<br>v. achetassiez<br>ils achetassent | achète<br><br>achetons<br>achetez | **achever<br>amener<br>enlever<br>lever<br>mener<br>peser<br>(se) promener** |
| j' appellerais<br>tu appellerais<br>il appellerait<br>n. appellerions<br>v. appelleriez<br>ils appelleraient | j' appelle<br>tu appelles<br>il appelle<br>n. appelions<br>v. appeliez<br>ils appellent | j' appelasse<br>tu appelasses<br>il appelât<br>n. appelassions<br>v. appelassiez<br>ils appelassent | appelle<br><br>appelons<br>appelez | **jeter<br>rappeler<br>rejeter<br>renouveler** |
| je préférerais<br>tu préférerais<br>il préférerait<br>n. préférerions<br>v. préféreriez<br>ils préféreraient | je préfère<br>tu préfères<br>il préfère<br>n. préférions<br>v. préfériez<br>ils préfèrent | je préférasse<br>tu préférasses<br>il préférât<br>n. préférassions<br>v. préférassiez<br>ils préférassent | préfère<br><br>préférons<br>préférez | **considérer<br>désespérer<br>espérer<br>inquiéter<br>pénétrer<br>posséder<br>répéter<br>sécher** |
| j' emploierais<br>tu emploierais<br>il emploierait<br>n. emploierions<br>v. emploieriez<br>ils emploieraient | j' emploie<br>tu emploies<br>il emploie<br>n. employions<br>v. employiez<br>ils emploient | j' employasse<br>tu employasses<br>il employât<br>n. employassions<br>v. employassiez<br>ils employassent | emploie<br><br>employons<br>employez | **-oyer**(除：envoyer)<br>**-uyer<br>appuyer<br>ennuyer<br>essuyer<br>nettoyer** |

| 不 定 法<br>現在分詞<br>過去分詞 | 直 説 法 | | | |
|---|---|---|---|---|
| | 現 在 | 半 過 去 | 単純過去 | 単純未来 |
| **14. payer**<br><br>*payant*<br>*payé* | je paye (paie)<br>tu payes (paies)<br>il paye (paie)<br>n. payons<br>v. payez<br>ils payent (paient) | je payais<br>tu payais<br>il payait<br>n. payions<br>v. payiez<br>ils payaient | je payai<br>tu payas<br>il paya<br>n. payâmes<br>v. payâtes<br>ils payèrent | je payerai (paierai)<br>tu payeras (*etc. . . .*)<br>il payera<br>n. payerons<br>v. payerez<br>ils payeront |
| **15. envoyer**<br><br>*envoyant*<br>*envoyé* | j' envoie<br>tu envoies<br>il envoie<br>n. envoyons<br>v. envoyez<br>ils envoient | j' envoyais<br>tu envoyais<br>il envoyait<br>n. envoyions<br>v. envoyiez<br>ils envoyaient | j' envoyai<br>tu envoyas<br>il envoya<br>n. envoyâmes<br>v. envoyâtes<br>ils envoyèrent | j' **enverrai**<br>tu **enverras**<br>il **enverra**<br>n. **enverrons**<br>v. **enverrez**<br>ils **enverront** |
| **16. aller**<br><br>*allant*<br>*allé* | je **vais**<br>tu **vas**<br>il **va**<br>n. allons<br>v. allez<br>ils **vont** | j' allais<br>tu allais<br>il allait<br>n. allions<br>v. alliez<br>ils allaient | j' allai<br>tu allas<br>il alla<br>n. allâmes<br>v. allâtes<br>ils allèrent | j' **irai**<br>tu **iras**<br>il **ira**<br>n. **irons**<br>v. **irez**<br>ils **iront** |
| **17. finir**<br><br>*finissant*<br>*fini* | je finis<br>tu finis<br>il finit<br>n. finissons<br>v. finissez<br>ils finissent | je finissais<br>tu finissais<br>il finissait<br>n. finissions<br>v. finissiez<br>ils finissaient | je finis<br>tu finis<br>il finit<br>n. finîmes<br>v. finîtes<br>ils finirent | je finirai<br>tu finiras<br>il finira<br>n. finirons<br>v. finirez<br>ils finiront |
| **18. partir**<br><br>*partant*<br>*parti* | je pars<br>tu pars<br>il part<br>n. partons<br>v. partez<br>ils partent | je partais<br>tu partais<br>il partait<br>n. partions<br>v. partiez<br>ils partaient | je partis<br>tu partis<br>il partit<br>n. partîmes<br>v. partîtes<br>ils partirent | je partirai<br>tu partiras<br>il partira<br>n. partirons<br>v. partirez<br>ils partiront |
| **19. sentir**<br><br>*sentant*<br>*senti* | je sens<br>tu sens<br>il sent<br>n. sentons<br>v. sentez<br>ils sentent | je sentais<br>tu sentais<br>il sentait<br>n. sentions<br>v. sentiez<br>ils sentaient | je sentis<br>tu sentis<br>il sentit<br>n. sentîmes<br>v. sentîtes<br>ils sentirent | je sentirai<br>tu sentiras<br>il sentira<br>n. sentirons<br>v. sentirez<br>ils sentiront |
| **20. tenir**<br><br>*tenant*<br>*tenu* | je tiens<br>tu tiens<br>il tient<br>n. tenons<br>v. tenez<br>ils tiennent | je tenais<br>tu tenais<br>il tenait<br>n. tenions<br>v. teniez<br>ils tenaient | je tins<br>tu tins<br>il tint<br>n. tînmes<br>v. tîntes<br>ils tinrent | je **tiendrai**<br>tu **tiendras**<br>il **tiendra**<br>n. **tiendrons**<br>v. **tiendrez**<br>ils **tiendront** |

| 条件法 | 接続法 | | 命令法 | 同型 |
|---|---|---|---|---|
| 現　在 | 現　在 | 半　過　去 | | |
| je payerais (paierais)<br>tu payerais (*etc....*)<br>il payerait<br>n. payerions<br>v. payeriez<br>ils payeraient | je paye (paie)<br>tu payes (paies)<br>il paye (paie)<br>n. payions<br>v. payiez<br>ils payent (paient) | je payasse<br>tu payasses<br>il payât<br>n. payassions<br>v. payassiez<br>ils payassent | paie (paye)<br><br>payons<br>payez | [発音]<br>je paye [ʒəpɛj],<br>je paie　[ʒəpɛ];<br>je payerai [ʒəpɛjre],<br>je paierai　[ʒəpɛre]. |
| j' enverrais<br>tu enverrais<br>il enverrait<br>n. enverrions<br>v. enverriez<br>ils enverraient | j' envoie<br>tu envoies<br>il envoie<br>n. envoyions<br>v. envoyiez<br>ils envoient | j' envoyasse<br>tu envoyasses<br>il envoyât<br>n. envoyassions<br>v. envoyassiez<br>ils envoyassent | envoie<br><br>envoyons<br>envoyez | 注 未来，条·現を除い<br>ては，**13** と同じ.<br>**renvoyer** |
| j' irais<br>tu irais<br>il irait<br>n. irions<br>v. iriez<br>ils iraient | j' **aille**<br>tu **ailles**<br>il **aille**<br>n. allions<br>v. alliez<br>ils **aillent** | j' allasse<br>tu allasses<br>il allât<br>n. allassions<br>v. allassiez<br>ils allassent | **va**<br><br>allons<br>allez | 注 y がつくとき命令法·<br>現在は vas: vas-y. 直·<br>現· 3 人称複数に ont の<br>語尾をもつものは他に<br>ont (avoir), sont (être),<br>font (faire) のみ. |
| je finirais<br>tu finirais<br>il finirait<br>n. finirions<br>v. finiriez<br>ils finiraient | je finisse<br>tu finisses<br>il finisse<br>n. finissions<br>v. finissiez<br>ils finissent | je finisse<br>tu finisses<br>il finît<br>n. finissions<br>v. finissiez<br>ils finissent | finis<br><br>finissons<br>finissez | 注 finir 型の動詞を第<br>2 群規則動詞という. |
| je partirais<br>tu partirais<br>il partirait<br>n. partirions<br>v. partiriez<br>ils partiraient | je parte<br>tu partes<br>il parte<br>n. partions<br>v. partiez<br>ils partent | je partisse<br>tu partisses<br>il partît<br>n. partissions<br>v. partissiez<br>ils partissent | pars<br><br>partons<br>partez | 注 助動詞は être.<br>**sortir** |
| je sentirais<br>tu sentirais<br>il sentirait<br>n. sentirions<br>v. sentiriez<br>ils sentiraient | je sente<br>tu sentes<br>il sente<br>n. sentions<br>v. sentiez<br>ils sentent | je sentisse<br>tu sentisses<br>il sentît<br>n. sentissions<br>v. sentissiez<br>ils sentissent | sens<br><br>sentons<br>sentez | 注 **18** と助動詞を除<br>けば同型. |
| je tiendrais<br>tu tiendrais<br>il tiendrait<br>n. tiendrions<br>v. tiendriez<br>ils tiendraient | je tienne<br>tu tiennes<br>il tienne<br>n. tenions<br>v. teniez<br>ils tiennent | je tinsse<br>tu tinsses<br>il tînt<br>n. tinssions<br>v. tinssiez<br>ils tinssent | tiens<br><br>tenons<br>tenez | 注 **venir 21** と同型,<br>ただし，助動詞は<br>avoir. |

| 不 定 法<br>現在分詞<br>過去分詞 | 直　説　法 | | | |
|---|---|---|---|---|
| | 現　　在 | 半　過　去 | 単純過去 | 単純未来 |
| **21. venir**<br><br>*venant*<br>*venu* | je　viens<br>tu　viens<br>il　vient<br>n.　venons<br>v.　venez<br>ils　viennent | je　venais<br>tu　venais<br>il　venait<br>n.　venions<br>v.　veniez<br>ils　venaient | je　vins<br>tu　vins<br>il　vint<br>n.　vînmes<br>v.　vîntes<br>ils　vinrent | je　**viendrai**<br>tu　**viendras**<br>il　**viendra**<br>n.　**viendrons**<br>v.　**viendrez**<br>ils　**viendront** |
| **22. accueillir**<br><br>*accueillant*<br>*accueilli* | j'　**accueille**<br>tu　**accueilles**<br>il　**accueille**<br>n.　accueillons<br>v.　accueillez<br>ils　accueillent | j'　accueillais<br>tu　accueillais<br>il　accueillait<br>n.　accueillions<br>v.　accueilliez<br>ils　accueillaient | j'　accueillis<br>tu　accueillis<br>il　accueillit<br>n.　accueillîmes<br>v.　accueillîtes<br>ils　accueillirent | j'　**accueillerai**<br>tu　**accueilleras**<br>il　**accueillera**<br>n.　**accueillerons**<br>v.　**accueillerez**<br>ils　**accueilleront** |
| **23. ouvrir**<br><br>*ouvrant*<br>*ouvert* | j'　**ouvre**<br>tu　**ouvres**<br>il　**ouvre**<br>n.　ouvrons<br>v.　ouvrez<br>ils　ouvrent | j'　ouvrais<br>tu　ouvrais<br>il　ouvrait<br>n.　ouvrions<br>v.　ouvriez<br>ils　ouvraient | j'　ouvris<br>tu　ouvris<br>il　ouvrit<br>n.　ouvrîmes<br>v.　ouvrîtes<br>ils　ouvrirent | j'　ouvrirai<br>tu　ouvriras<br>il　ouvrira<br>n.　ouvrirons<br>v.　ouvrirez<br>ils　ouvriront |
| **24. courir**<br><br>*courant*<br>*couru* | je　cours<br>tu　cours<br>il　court<br>n.　courons<br>v.　courez<br>ils　courent | je　courais<br>tu　courais<br>il　courait<br>n.　courions<br>v.　couriez<br>ils　couraient | je　courus<br>tu　courus<br>il　courut<br>n.　courûmes<br>v.　courûtes<br>ils　coururent | je　**courrai**<br>tu　**courras**<br>il　**courra**<br>n.　**courrons**<br>v.　**courrez**<br>ils　**courront** |
| **25. mourir**<br><br>*mourant*<br>*mort* | je　meurs<br>tu　meurs<br>il　meurt<br>n.　mourons<br>v.　mourez<br>ils　meurent | je　mourais<br>tu　mourais<br>il　mourait<br>n.　mourions<br>v.　mouriez<br>ils　mouraient | je　mourus<br>tu　mourus<br>il　mourut<br>n.　mourûmes<br>v.　mourûtes<br>ils　moururent | je　**mourrai**<br>tu　**mourras**<br>il　**mourra**<br>n.　**mourrons**<br>v.　**mourrez**<br>ils　**mourront** |
| **26. acquérir**<br><br>*acquérant*<br>*acquis* | j'　acquiers<br>tu　acquiers<br>il　acquiert<br>n.　acquérons<br>v.　acquérez<br>ils　acquièrent | j'　acquérais<br>tu　acquérais<br>il　acquérait<br>n.　acquérions<br>v.　acquériez<br>ils　acquéraient | j'　acquis<br>tu　acquis<br>il　acquit<br>n.　acquîmes<br>v.　acquîtes<br>ils　acquirent | j'　**acquerrai**<br>tu　**acquerras**<br>il　**acquerra**<br>n.　**acquerrons**<br>v.　**acquerrez**<br>ils　**acquerront** |
| **27. fuir**<br><br>*fuyant*<br>*fui* | je　fuis<br>tu　fuis<br>il　fuit<br>n.　fuyons<br>v.　fuyez<br>ils　fuient | je　fuyais<br>tu　fuyais<br>il　fuyait<br>n.　fuyions<br>v.　fuyiez<br>ils　fuyaient | je　fuis<br>tu　fuis<br>il　fuit<br>n.　fuîmes<br>v.　fuîtes<br>ils　fuirent | je　fuirai<br>tu　fuiras<br>il　fuira<br>n.　fuirons<br>v.　fuirez<br>ils　fuiront |

| 条　件　法 | 接　続　法 | | 命　令　法 | 同　　型 |
|---|---|---|---|---|
| 現　　在 | 現　　在 | 半　過　去 | | |
| je viendrais<br>tu viendrais<br>il viendrait<br>n. viendrions<br>v. viendriez<br>ils viendraient | je vienne<br>tu viennes<br>il vienne<br>n. venions<br>v. veniez<br>ils viennent | je vinsse<br>tu vinsses<br>il vînt<br>n. vinssions<br>v. vinssiez<br>ils vinssent | viens<br><br>venons<br>venez | 注 助動詞は être.<br>**devenir**<br>**intervenir**<br>**prévenir**<br>**revenir**<br>**(se) souvenir** |
| j' accueillerais<br>tu accueillerais<br>il accueillerait<br>n. accueillerions<br>v. accueilleriez<br>ils accueilleraient | j' accueille<br>tu accueilles<br>il accueille<br>n. accueillions<br>v. accueilliez<br>ils accueillent | j' accueillisse<br>tu accueillisses<br>il accueillît<br>n. accueillissions<br>v. accueillissiez<br>ils accueillissent | **accueille**<br><br>accueillons<br>accueillez | **cueillir** |
| j' ouvrirais<br>tu ouvrirais<br>il ouvrirait<br>n. ouvririons<br>v. ouvririez<br>ils ouvriraient | j' ouvre<br>tu ouvres<br>il ouvre<br>n. ouvrions<br>v. ouvriez<br>ils ouvrent | j' ouvrisse<br>tu ouvrisses<br>il ouvrît<br>n. ouvrissions<br>v. ouvrissiez<br>ils ouvrissent | **ouvre**<br><br>ouvrons<br>ouvrez | **couvrir**<br>**découvrir**<br>**offrir**<br>**souffrir** |
| je courrais<br>tu courrais<br>il courrait<br>n. courrions<br>v. courriez<br>ils courraient | je coure<br>tu coures<br>il coure<br>n. courions<br>v. couriez<br>ils courent | je courusse<br>tu courusses<br>il courût<br>n. courussions<br>v. courussiez<br>ils courussent | cours<br><br>courons<br>courez | **accourir** |
| je mourrais<br>tu mourrais<br>il mourrait<br>n. mourrions<br>v. mourriez<br>ils mourraient | je meure<br>tu meures<br>il meure<br>n. mourions<br>v. mouriez<br>ils meurent | je mourusse<br>tu mourusses<br>il mourût<br>n. mourussions<br>v. mourussiez<br>ils mourussent | meurs<br><br>mourons<br>mourez | 注 助動詞は être. |
| j' acquerrais<br>tu acquerrais<br>il acquerrait<br>n. acquerrions<br>v. acquerriez<br>ils acquerraient | j' acquière<br>tu acquières<br>il acquière<br>n. acquérions<br>v. acquériez<br>ils acquièrent | j' acquisse<br>tu acquisses<br>il acquît<br>n. acquissions<br>v. acquissiez<br>ils acquissent | acquiers<br><br>acquérons<br>acquérez | **conquérir** |
| je fuirais<br>tu fuirais<br>il fuirait<br>n. fuirions<br>v. fuiriez<br>ils fuiraient | je fuie<br>tu fuies<br>il fuie<br>n. fuyions<br>v. fuyiez<br>ils fuient | je fuisse<br>tu fuisses<br>il fuît<br>n. fuissions<br>v. fuissiez<br>ils fuissent | fuis<br><br>fuyons<br>fuyez | **s'enfuir** |

| 不 定 法<br>現在分詞<br>過去分詞 | 直 説 法 | | | |
|---|---|---|---|---|
| | 現　　在 | 半　過　去 | 単純過去 | 単純未来 |
| **28. rendre**<br><br>*rendant*<br>*rendu* | je rends<br>tu rends<br>il **rend**<br>n. rendons<br>v. rendez<br>ils rendent | je rendais<br>tu rendais<br>il rendait<br>n. rendions<br>v. rendiez<br>ils rendaient | je rendis<br>tu rendis<br>il rendit<br>n. rendîmes<br>v. rendîtes<br>ils rendirent | je rendrai<br>tu rendras<br>il rendra<br>n. rendrons<br>v. rendrez<br>ils rendront |
| **29. prendre**<br><br>*prenant*<br>*pris* | je prends<br>tu prends<br>il **prend**<br>n. prenons<br>v. prenez<br>ils prennent | je prenais<br>tu prenais<br>il prenait<br>n. prenions<br>v. preniez<br>ils prenaient | je pris<br>tu pris<br>il prit<br>n. prîmes<br>v. prîtes<br>ils prirent | je prendrai<br>tu prendras<br>il prendra<br>n. prendrons<br>v. prendrez<br>ils prendront |
| **30. craindre**<br><br>*craignant*<br>*craint* | je crains<br>tu crains<br>il craint<br>n. craignons<br>v. craignez<br>ils craignent | je craignais<br>tu craignais<br>il craignait<br>n. craignions<br>v. craigniez<br>ils craignaient | je craignis<br>tu craignis<br>il craignit<br>n. craignîmes<br>v. craignîtes<br>ils craignirent | je craindrai<br>tu craindras<br>il craindra<br>n. craindrons<br>v. craindrez<br>ils craindront |
| **31. faire**<br><br>*faisant*<br>*fait* | je fais<br>tu fais<br>il fait<br>n. faisons<br>v. **faites**<br>ils **font** | je faisais<br>tu faisais<br>il faisait<br>n. faisions<br>v. faisiez<br>ils faisaient | je fis<br>tu fis<br>il fit<br>n. fîmes<br>v. fîtes<br>ils firent | je **ferai**<br>tu **feras**<br>il **fera**<br>n. **ferons**<br>v. **ferez**<br>ils **feront** |
| **32. dire**<br><br>*disant*<br>*dit* | je dis<br>tu dis<br>il dit<br>n. disons<br>v. **dites**<br>ils disent | je disais<br>tu disais<br>il disait<br>n. disions<br>v. disiez<br>ils disaient | je dis<br>tu dis<br>il dit<br>n. dîmes<br>v. dîtes<br>ils dirent | je dirai<br>tu diras<br>il dira<br>n. dirons<br>v. direz<br>ils diront |
| **33. lire**<br><br>*lisant*<br>*lu* | je lis<br>tu lis<br>il lit<br>n. lisons<br>v. lisez<br>ils lisent | je lisais<br>tu lisais<br>il lisait<br>n. lisions<br>v. lisiez<br>ils lisaient | je lus<br>tu lus<br>il lut<br>n. lûmes<br>v. lûtes<br>ils lurent | je lirai<br>tu liras<br>il lira<br>n. lirons<br>v. lirez<br>ils liront |
| **34. suffire**<br><br>*suffisant*<br>*suffi* | je suffis<br>tu suffis<br>il suffit<br>n. suffisons<br>v. suffisez<br>ils suffisent | je suffisais<br>tu suffisais<br>il suffisait<br>n. suffisions<br>v. suffisiez<br>ils suffisaient | je suffis<br>tu suffis<br>il suffit<br>n. suffîmes<br>v. suffîtes<br>ils suffirent | je suffirai<br>tu suffiras<br>il suffira<br>n. suffirons<br>v. suffirez<br>ils suffiront |

| 条件法 | 接続法 | | 命令法 | 同型 |
|---|---|---|---|---|
| 現　在 | 現　在 | 半過去 | | |
| je rendrais<br>tu rendrais<br>il rendrait<br>n. rendrions<br>v. rendriez<br>ils rendraient | je rende<br>tu rendes<br>il rende<br>n. rendions<br>v. rendiez<br>ils rendent | je rendisse<br>tu rendisses<br>il rendît<br>n. rendissions<br>v. rendissiez<br>ils rendissent | rends<br><br>rendons<br>rendez | **attendre**<br>**descendre**<br>**entendre**<br>**pendre**<br>**perdre**<br>**répandre**<br>**répondre**<br>**vendre** |
| je prendrais<br>tu prendrais<br>il prendrait<br>n. prendrions<br>v. prendriez<br>ils prendraient | je prenne<br>tu prennes<br>il prenne<br>n. prenions<br>v. preniez<br>ils prennent | je prisse<br>tu prisses<br>il prît<br>n. prissions<br>v. prissiez<br>ils prissent | prends<br><br>prenons<br>prenez | **apprendre**<br>**comprendre**<br>**entreprendre**<br>**reprendre**<br>**surprendre** |
| je craindrais<br>tu craindrais<br>il craindrait<br>n. craindrions<br>v. craindriez<br>ils craindraient | je craigne<br>tu craignes<br>il craigne<br>n. craignions<br>v. craigniez<br>ils craignent | je craignisse<br>tu craignisses<br>il craignît<br>n. craignissions<br>v. craignissiez<br>ils craignissent | crains<br><br>craignons<br>craignez | **atteindre**<br>**éteindre**<br>**joindre**<br>**peindre**<br>**plaindre** |
| je ferais<br>tu ferais<br>il ferait<br>n. ferions<br>v. feriez<br>ils feraient | je **fasse**<br>tu **fasses**<br>il **fasse**<br>n. **fassions**<br>v. **fassiez**<br>ils **fassent** | je fisse<br>tu fisses<br>il fît<br>n. fissions<br>v. fissiez<br>ils fissent | fais<br><br>faisons<br>**faites** | **défaire**<br>**refaire**<br>**satisfaire**<br>注fais-[f(ə)z-] |
| je dirais<br>tu dirais<br>il dirait<br>n. dirions<br>v. diriez<br>ils diraient | je dise<br>tu dises<br>il dise<br>n. disions<br>v. disiez<br>ils disent | je disse<br>tu disses<br>il dît<br>n. dissions<br>v. dissiez<br>ils dissent | dis<br><br>disons<br>**dites** | **redire** |
| je lirais<br>tu lirais<br>il lirait<br>n. lirions<br>v. liriez<br>ils liraient | je lise<br>tu lises<br>il lise<br>n. lisions<br>v. lisiez<br>ils lisent | je lusse<br>tu lusses<br>il lût<br>n. lussions<br>v. lussiez<br>ils lussent | lis<br><br>lisons<br>lisez | **relire**<br>**élire** |
| je suffirais<br>tu suffirais<br>il suffirait<br>n. suffirions<br>v. suffiriez<br>ils suffiraient | je suffise<br>tu suffises<br>il suffise<br>n. suffisions<br>v. suffisiez<br>ils suffisent | je suffisse<br>tu suffisses<br>il suffît<br>n. suffissions<br>v. suffissiez<br>ils suffissent | suffis<br><br>suffisons<br>suffisez | |

15

| 不 定 法<br>現在分詞<br>過去分詞 | 直 説 法 | | | |
|---|---|---|---|---|
| | 現　　在 | 半　過　去 | 単純過去 | 単純未来 |
| **35. conduire**<br><br>*conduisant*<br>*conduit* | je conduis<br>tu conduis<br>il conduit<br>n. conduisons<br>v. conduisez<br>ils conduisent | je conduisais<br>tu conduisais<br>il conduisait<br>n. conduisions<br>v. conduisiez<br>ils conduisaient | je conduisis<br>tu conduisis<br>il conduisit<br>n. conduisîmes<br>v. conduisîtes<br>ils conduisirent | je conduirai<br>tu conduiras<br>il conduira<br>n. conduirons<br>v. conduirez<br>ils conduiront |
| **36. plaire**<br><br>*plaisant*<br>*plu* | je plais<br>tu plais<br>il **plaît**<br>n. plaisons<br>v. plaisez<br>ils plaisent | je plaisais<br>tu plaisais<br>il plaisait<br>n. plaisions<br>v. plaisiez<br>ils plaisaient | je plus<br>tu plus<br>il plut<br>n. plûmes<br>v. plûtes<br>ils plurent | je plairai<br>tu plairas<br>il plaira<br>n. plairons<br>v. plairez<br>ils plairont |
| **37. coudre**<br><br>*cousant*<br>*cousu* | je couds<br>tu couds<br>il coud<br>n. cousons<br>v. cousez<br>ils cousent | je cousais<br>tu cousais<br>il cousait<br>n. cousions<br>v. cousiez<br>ils cousaient | je cousis<br>tu cousis<br>il cousit<br>n. cousîmes<br>v. cousîtes<br>ils cousirent | je coudrai<br>tu coudras<br>il coudra<br>n. coudrons<br>v. coudrez<br>ils coudront |
| **38. suivre**<br><br>*suivant*<br>*suivi* | je suis<br>tu suis<br>il suit<br>n. suivons<br>v. suivez<br>ils suivent | je suivais<br>tu suivais<br>il suivait<br>n. suivions<br>v. suiviez<br>ils suivaient | je suivis<br>tu suivis<br>il suivit<br>n. suivîmes<br>v. suivîtes<br>ils suivirent | je suivrai<br>tu suivras<br>il suivra<br>n. suivrons<br>v. suivrez<br>ils suivront |
| **39. vivre**<br><br>*vivant*<br>*vécu* | je vis<br>tu vis<br>il vit<br>n. vivons<br>v. vivez<br>ils vivent | je vivais<br>tu vivais<br>il vivait<br>n. vivions<br>v. viviez<br>ils vivaient | je vécus<br>tu vécus<br>il vécut<br>n. vécûmes<br>v. vécûtes<br>ils vécurent | je vivrai<br>tu vivras<br>il vivra<br>n. vivrons<br>v. vivrez<br>ils vivront |
| **40. écrire**<br><br>*écrivant*<br>*écrit* | j' écris<br>tu écris<br>il écrit<br>n. écrivons<br>v. écrivez<br>ils écrivent | j' écrivais<br>tu écrivais<br>il écrivait<br>n. écrivions<br>v. écriviez<br>ils écrivaient | j' écrivis<br>tu écrivis<br>il écrivit<br>n. écrivîmes<br>v. écrivîtes<br>ils écrivirent | j' écrirai<br>tu écriras<br>il écrira<br>n. écrirons<br>v. écrirez<br>ils écriront |
| **41. boire**<br><br>*buvant*<br>*bu* | je bois<br>tu bois<br>il boit<br>n. buvons<br>v. buvez<br>ils boivent | je buvais<br>tu buvais<br>il buvait<br>n. buvions<br>v. buviez<br>ils buvaient | je bus<br>tu bus<br>il but<br>n. bûmes<br>v. bûtes<br>ils burent | je boirai<br>tu boiras<br>il boira<br>n. boirons<br>v. boirez<br>ils boiront |

| 条 件 法 | 接 続 法 | | 命 令 法 | 同 型 |
|---|---|---|---|---|
| 現　　在 | 現　　在 | 半 過 去 | | |
| je conduirais<br>tu conduirais<br>il conduirait<br>n. conduirions<br>v. conduiriez<br>ils conduiraient | je conduise<br>tu conduises<br>il conduise<br>n. conduisions<br>v. conduisiez<br>ils conduisent | je conduisisse<br>tu conduisisses<br>il conduisît<br>n. conduisissions<br>v. conduisissiez<br>ils conduisissent | conduis<br><br>conduisons<br>conduisez | **construire**<br>**cuire**<br>**détruire**<br>**instruire**<br>**introduire**<br>**produire**<br>**traduire** |
| je plairais<br>tu plairais<br>il plairait<br>n. plairions<br>v. plairiez<br>ils plairaient | je plaise<br>tu plaises<br>il plaise<br>n. plaisions<br>v. plaisiez<br>ils plaisent | je plusse<br>tu plusses<br>il plût<br>n. plussions<br>v. plussiez<br>ils plussent | plais<br><br>plaisons<br>plaisez | **déplaire**<br>**(se) taire**<br>（ただし il se tait） |
| je coudrais<br>tu coudrais<br>il coudrait<br>n. coudrions<br>v. coudriez<br>ils coudraient | je couse<br>tu couses<br>il couse<br>n. cousions<br>v. cousiez<br>ils cousent | je cousisse<br>tu cousisses<br>il cousît<br>n. cousissions<br>v. cousissiez<br>ils cousissent | couds<br><br>cousons<br>cousez | |
| je suivrais<br>tu suivrais<br>il suivrait<br>n. suivrions<br>v. suivriez<br>ils suivraient | je suive<br>tu suives<br>il suive<br>n. suivions<br>v. suiviez<br>ils suivent | je suivisse<br>tu suivisses<br>il suivît<br>n. suivissions<br>v. suivissiez<br>ils suivissent | suis<br><br>suivons<br>suivez | **poursuivre** |
| je vivrais<br>tu vivrais<br>il vivrait<br>n. vivrions<br>v. vivriez<br>ils vivraient | je vive<br>tu vives<br>il vive<br>n. vivions<br>v. viviez<br>ils vivent | je vécusse<br>tu vécusses<br>il vécût<br>n. vécussions<br>v. vécussiez<br>ils vécussent | vis<br><br>vivons<br>vivez | |
| j' écrirais<br>tu écrirais<br>il écrirait<br>n. écririons<br>v. écririez<br>ils écriraient | j' écrive<br>tu écrives<br>il écrive<br>n. écrivions<br>v. écriviez<br>ils écrivent | j' écrivisse<br>tu écrivisses<br>il écrivît<br>n. écrivissions<br>v. écrivissiez<br>ils écrivissent | écris<br><br>écrivons<br>écrivez | **décrire**<br>**inscrire** |
| je boirais<br>tu boirais<br>il boirait<br>n. boirions<br>v. boiriez<br>ils boiraient | je boive<br>tu boives<br>il boive<br>n. buvions<br>v. buviez<br>ils boivent | je busse<br>tu busses<br>il bût<br>n. bussions<br>v. bussiez<br>ils bussent | bois<br><br>buvons<br>buvez | |

*17*

| 不　定　法<br>現在分詞<br>過去分詞 | 直　　説　　法 | | | |
|---|---|---|---|---|
| | 現　　在 | 半　過　去 | 単純過去 | 単純未来 |
| **42. résoudre**<br><br>*résolvant*<br>*résolu* | je résous<br>tu résous<br>il résout<br>n. résolvons<br>v. résolvez<br>ils résolvent | je résolvais<br>tu résolvais<br>il résolvait<br>n. résolvions<br>v. résolviez<br>ils résolvaient | je résolus<br>tu résolus<br>il résolut<br>n. résolûmes<br>v. résolûtes<br>ils résolurent | je résoudrai<br>tu résoudras<br>il résoudra<br>n. résoudrons<br>v. résoudrez<br>ils résoudront |
| **43. connaître**<br><br>*connaissant*<br>*connu* | je connais<br>tu connais<br>il **connaît**<br>n. connaissons<br>v. connaissez<br>ils connaissent | je connaissais<br>tu connaissais<br>il connaissait<br>n. connaissions<br>v. connaissiez<br>ils connaissaient | je connus<br>tu connus<br>il connut<br>n. connûmes<br>v. connûtes<br>ils connurent | je connaîtrai<br>tu connaîtras<br>il connaîtra<br>n. connaîtrons<br>v. connaîtrez<br>ils connaîtront |
| **44. naître**<br><br>*naissant*<br>*né* | je nais<br>tu nais<br>il **naît**<br>n. naissons<br>v. naissez<br>ils naissent | je naissais<br>tu naissais<br>il naissait<br>n. naissions<br>v. naissiez<br>ils naissaient | je naquis<br>tu naquis<br>il naquit<br>n. naquîmes<br>v. naquîtes<br>ils naquirent | je naîtrai<br>tu naîtras<br>il naîtra<br>n. naîtrons<br>v. naîtrez<br>ils naîtront |
| **45. croire**<br><br>*croyant*<br>*cru* | je crois<br>tu crois<br>il croit<br>n. croyons<br>v. croyez<br>ils croient | je croyais<br>tu croyais<br>il croyait<br>n. croyions<br>v. croyiez<br>ils croyaient | je crus<br>tu crus<br>il crut<br>n. crûmes<br>v. crûtes<br>ils crurent | je croirai<br>tu croiras<br>il croira<br>n. croirons<br>v. croirez<br>ils croiront |
| **46. battre**<br><br>*battant*<br>*battu* | je bats<br>tu bats<br>il **bat**<br>n. battons<br>v. battez<br>ils battent | je battais<br>tu battais<br>il battait<br>n. battions<br>v. battiez<br>ils battaient | je battis<br>tu battis<br>il battit<br>n. battîmes<br>v. battîtes<br>ils battirent | je battrai<br>tu battras<br>il battra<br>n. battrons<br>v. battrez<br>ils battront |
| **47. mettre**<br><br>*mettant*<br>*mis* | je mets<br>tu mets<br>il **met**<br>n. mettons<br>v. mettez<br>ils mettent | je mettais<br>tu mettais<br>il mettait<br>n. mettions<br>v. mettiez<br>ils mettaient | je mis<br>tu mis<br>il mit<br>n. mîmes<br>v. mîtes<br>ils mirent | je mettrai<br>tu mettras<br>il mettra<br>n. mettrons<br>v. mettrez<br>ils mettront |
| **48. rire**<br><br>*riant*<br>*ri* | je ris<br>tu ris<br>il rit<br>n. rions<br>v. riez<br>ils rient | je riais<br>tu riais<br>il riait<br>n. riions<br>v. riiez<br>ils riaient | je ris<br>tu ris<br>il rit<br>n. rîmes<br>v. rîtes<br>ils rirent | je rirai<br>tu riras<br>il rira<br>n. rirons<br>v. rirez<br>ils riront |

| 条件法 | 接続法 | | 命令法 | 同型 |
|---|---|---|---|---|
| 現在 | 現在 | 半過去 | | |
| je résoudrais<br>tu résoudrais<br>il résoudrait<br>n. résoudrions<br>v. résoudriez<br>ils résoudraient | je résolve<br>tu résolves<br>il résolve<br>n. résolvions<br>v. résolviez<br>ils résolvent | je résolusse<br>tu résolusses<br>il résolût<br>n. résolussions<br>v. résolussiez<br>ils résolussent | résous<br><br>résolvons<br>résolvez | |
| je connaîtrais<br>tu connaîtrais<br>il connaîtrait<br>n. connaîtrions<br>v. connaîtriez<br>ils connaîtraient | je connaisse<br>tu connaisses<br>il connaisse<br>n. connaissions<br>v. connaissiez<br>ils connaissent | je connusse<br>tu connusses<br>il connût<br>n. connussions<br>v. connussiez<br>ils connussent | connais<br><br>connaissons<br>connaissez | 注 t の前にくるとき i→î.<br>**apparaître**<br>**disparaître**<br>**paraître**<br>**reconnaître** |
| je naîtrais<br>tu naîtrais<br>il naîtrait<br>n. naîtrions<br>v. naîtriez<br>ils naîtraient | je naisse<br>tu naisses<br>il naisse<br>n. naissions<br>v. naissiez<br>ils naissent | je naquisse<br>tu naquisses<br>il naquît<br>n. naquissions<br>v. naquissiez<br>ils naquissent | nais<br><br>naissons<br>naissez | 注 t の前にくるとき i→î.<br>助動詞はêtre. |
| je croirais<br>tu croirais<br>il croirait<br>n. croirions<br>v. croiriez<br>ils croiraient | je croie<br>tu croies<br>il croie<br>n. croyions<br>v. croyiez<br>îls croient | je crusse<br>tu crusses<br>il crût<br>n. crussions<br>v. crussiez<br>ils crussent | crois<br><br>croyons<br>croyez | |
| je battrais<br>tu battrais<br>il battrait<br>n. battrions<br>v. battriez<br>ils battraient | je batte<br>tu battes<br>il batte<br>n. battions<br>v. battiez<br>ils battent | je battisse<br>tu battisses<br>il battît<br>n. battissions<br>v. battissiez<br>ils battissent | bats<br><br>battons<br>battez | **abattre**<br>**combattre** |
| je mettrais<br>tu mettrais<br>il mettrait<br>n. mettrions<br>v. mettriez<br>ils mettraient | je mette<br>tu mettes<br>il mette<br>n. mettions<br>v. mettiez<br>ils mettent | je misse<br>tu misses<br>il mît<br>n. missions<br>v. missiez<br>ils missent | mets<br><br>mettons<br>mettez | **admettre**<br>**commettre**<br>**permettre**<br>**promettre**<br>**remettre** |
| je rirais<br>tu rirais<br>il rirait<br>n. ririons<br>v. ririez<br>ils riraient | je rie<br>tu ries<br>il rie<br>n. riions<br>v. riiez<br>ils rient | je risse<br>tu risses<br>il rît<br>n. rissions<br>v. rissiez<br>ils rissent | ris<br><br>rions<br>riez | **sourire** |

| 不　定　法<br>現在分詞<br>過去分詞 | 直　　説　　法 | | | |
|---|---|---|---|---|
| | 現　　在 | 半　過　去 | 単純過去 | 単純未来 |
| **49. conclure**<br><br>*concluant*<br>*conclu* | je conclus<br>tu conclus<br>il conclut<br>n. concluons<br>v. concluez<br>ils concluent | je concluais<br>tu concluais<br>il concluait<br>n. concluions<br>v. concluiez<br>ils concluaient | je conclus<br>tu conclus<br>il conclut<br>n. conclûmes<br>v. conclûtes<br>ils conclurent | je conclurai<br>tu concluras<br>il conclura<br>n. conclurons<br>v. conclurez<br>ils concluront |
| **50. rompre**<br><br>*rompant*<br>*rompu* | je romps<br>tu romps<br>il rompt<br>n. rompons<br>v. rompez<br>ils rompent | je rompais<br>tu rompais<br>il rompait<br>n. rompions<br>v. rompiez<br>ils rompaient | je rompis<br>tu rompis<br>il rompit<br>n. rompîmes<br>v. rompîtes<br>ils rompirent | je romprai<br>tu rompras<br>il rompra<br>n. romprons<br>v. romprez<br>ils rompront |
| **51. vaincre**<br><br>*vainquant*<br>*vaincu* | je vaincs<br>tu vaincs<br>il **vainc**<br>n. vainquons<br>v. vainquez<br>ils vainquent | je vainquais<br>tu vainquais<br>il vainquait<br>n. vainquions<br>v. vainquiez<br>ils vainquaient | je vainquis<br>tu vainquis<br>il vainquit<br>n. vainquîmes<br>v. vainquîtes<br>ils vainquirent | je vaincrai<br>tu vaincras<br>il vaincra<br>n. vaincrons<br>v. vaincrez<br>ils vaincront |
| **52. recevoir**<br><br>*recevant*<br>*reçu* | je reçois<br>tu reçois<br>il reçoit<br>n. recevons<br>v. recevez<br>ils reçoivent | je recevais<br>tu recevais<br>il recevait<br>n. recevions<br>v. receviez<br>ils recevaient | je reçus<br>tu reçus<br>il reçut<br>n. reçûmes<br>v. reçûtes<br>ils reçurent | je **recevrai**<br>tu **recevras**<br>il **recevra**<br>n. **recevrons**<br>v. **recevrez**<br>ils **recevront** |
| **53. devoir**<br><br>*devant*<br>*dû*<br>(due, dus, dues) | je dois<br>tu dois<br>il doit<br>n. devons<br>v. devez<br>ils doivent | je devais<br>tu devais<br>il devait<br>n. devions<br>v. deviez<br>ils devaient | je dus<br>tu dus<br>il dut<br>n. dûmes<br>v. dûtes<br>ils durent | je **devrai**<br>tu **devras**<br>il **devra**<br>n. **devrons**<br>v. **devrez**<br>ils **devront** |
| **54. pouvoir**<br><br>*pouvant*<br>*pu* | je **peux (puis)**<br>tu **peux**<br>il peut<br>n. pouvons<br>v. pouvez<br>ils peuvent | je pouvais<br>tu pouvais<br>il pouvait<br>n. pouvions<br>v. pouviez<br>ils pouvaient | je pus<br>tu pus<br>il put<br>n. pûmes<br>v. pûtes<br>ils purent | je **pourrai**<br>tu **pourras**<br>il **pourra**<br>n. **pourrons**<br>v. **pourrez**<br>ils **pourront** |
| **55. émouvoir**<br><br>*émouvant*<br>*ému* | j' émeus<br>tu émeus<br>il émeut<br>n. émouvons<br>v. émouvez<br>ils émeuvent | j' émouvais<br>tu émouvais<br>il émouvait<br>n. émouvions<br>v. émouviez<br>ils émouvaient | j' émus<br>tu émus<br>il émut<br>n. émûmes<br>v. émûtes<br>ils émurent | j' **émouvrai**<br>tu **émouvras**<br>il **émouvra**<br>n. **émouvrons**<br>v. **émouvrez**<br>ils **émouvront** |

| 条 件 法 | 接 続 法 | | 命 令 法 | 同 型 |
|---|---|---|---|---|
| 現　　在 | 現　　在 | 半 過 去 | | |
| je conclurais<br>tu conclurais<br>il conclurait<br>n. conclurions<br>v. concluriez<br>ils concluraient | je conclue<br>tu conclues<br>il conclue<br>n. concluions<br>v. concluiez<br>ils concluent | je conclusse<br>tu conclusses<br>il conclût<br>n. conclussions<br>v. conclussiez<br>ils conclussent | conclus<br><br>concluons<br>concluez | |
| je romprais<br>tu romprais<br>il romprait<br>n. romprions<br>v. rompriez<br>ils rompraient | je rompe<br>tu rompes<br>il rompe<br>n. rompions<br>v. rompiez<br>ils rompent | je rompisse<br>tu rompisses<br>il rompît<br>n. rompissions<br>v. rompissiez<br>ils rompissent | romps<br><br>rompons<br>rompez | **interrompre** |
| je vaincrais<br>tu vaincrais<br>il vaincrait<br>n. vaincrions<br>v. vaincriez<br>ils vaincraient | je vainque<br>tu vainques<br>il vainque<br>n. vainquions<br>v. vainquiez<br>ils vainquent | je vainquisse<br>tu vainquisses<br>il vainquît<br>n. vainquissions<br>v. vainquissiez<br>ils vainquissent | vaincs<br><br>vainquons<br>vainquez | **convaincre** |
| je recevrais<br>tu recevrais<br>il recevrait<br>n. recevrions<br>v. recevriez<br>ils recevraient | je reçoive<br>tu reçoives<br>il reçoive<br>n. recevions<br>v. receviez<br>ils reçoivent | je reçusse<br>tu reçusses<br>il reçût<br>n. reçussions<br>v. reçussiez<br>ils reçussent | reçois<br><br>recevons<br>recevez | **apercevoir**<br>**concevoir** |
| je devrais<br>tu devrais<br>il devrait<br>n. devrions<br>v. devriez<br>ils devraient | je doive<br>tu doives<br>il doive<br>n. devions<br>v. deviez<br>ils doivent | je dusse<br>tu dusses<br>il dût<br>n. dussions<br>v. dussiez<br>ils dussent | dois<br><br>devons<br>devez | 囲命令法はほとんど<br>用いられない. |
| je pourrais<br>tu pourrais<br>il pourrait<br>n. pourrions<br>v. pourriez<br>ils pourraient | je **puisse**<br>tu **puisses**<br>il **puisse**<br>n. **puissions**<br>v. **puissiez**<br>ils **puissent** | je pusse<br>tu pusses<br>il pût<br>n. pussions<br>v. pussiez<br>ils pussent | | 囲命令法はない. |
| j' émouvrais<br>tu émouvrais<br>il émouvrait<br>n. émouvrions<br>v. émouvriez<br>ils émouvraient | j' émeuve<br>tu émeuves<br>il émeuve<br>n. émouvions<br>v. émouviez<br>ils émeuvent | j' émusse<br>tu émusses<br>il émût<br>n. émussions<br>v. émussiez<br>ils émussent | émeus<br><br>émouvons<br>émouvez | **mouvoir**<br>ただし過去分詞は<br>mû<br>(mue, mus, mues) |

21

| 不 定 法<br>現在分詞<br>過去分詞 | 直 説 法 | | | |
|---|---|---|---|---|
| | 現　　在 | 半　過　去 | 単純過去 | 単純未来 |
| **56. savoir**<br><br>*sachant*<br>*su* | je　sais<br>tu　sais<br>il　sait<br>n.　savons<br>v.　savez<br>ils　savent | je　savais<br>tu　savais<br>il　savait<br>n.　savions<br>v.　saviez<br>ils　savaient | je　sus<br>tu　sus<br>il　sut<br>n.　sûmes<br>v.　sûtes<br>ils　surent | je　**saurai**<br>tu　**sauras**<br>il　**saura**<br>n.　**saurons**<br>v.　**saurez**<br>ils　**sauront** |
| **57. voir**<br><br>*voyant*<br>*vu* | je　vois<br>tu　vois<br>il　voit<br>n.　voyons<br>v.　voyez<br>ils　voient | je　voyais<br>tu　voyais<br>il　voyait<br>n.　voyions<br>v.　voyiez<br>ils　voyaient | je　vis<br>tu　vis<br>il　vit<br>n.　vîmes<br>v.　vîtes<br>ils　virent | je　**verrai**<br>tu　**verras**<br>il　**verra**<br>n.　**verrons**<br>v.　**verrez**<br>ils　**verront** |
| **58. vouloir**<br><br>*voulant*<br>*voulu* | je　**veux**<br>tu　**veux**<br>il　veut<br>n.　voulons<br>v.　voulez<br>ils　veulent | je　voulais<br>tu　voulais<br>il　voulait<br>n.　voulions<br>v.　vouliez<br>ils　voulaient | je　voulus<br>tu　voulus<br>il　voulut<br>n.　voulûmes<br>v.　voulûtes<br>ils　voulurent | je　**voudrai**<br>tu　**voudras**<br>il　**voudra**<br>n.　**voudrons**<br>v.　**voudrez**<br>ils　**voudront** |
| **59. valoir**<br><br>*valant*<br>*valu* | je　**vaux**<br>tu　**vaux**<br>il　vaut<br>n.　valons<br>v.　valez<br>ils　valent | je　valais<br>tu　valais<br>il　valait<br>n.　valions<br>v.　valiez<br>ils　valaient | je　valus<br>tu　valus<br>il　valut<br>n.　valûmes<br>v.　valûtes<br>ils　valurent | je　**vaudrai**<br>tu　**vaudras**<br>il　**vaudra**<br>n.　**vaudrons**<br>v.　**vaudrez**<br>ils　**vaudront** |
| **60. s'asseoir**<br><br>*s'asseyant*[1]<br>*assis* | je　m'assieds[1]<br>tu　t'assieds<br>il　**s'assied**<br>n.　n. asseyons<br>v.　v. asseyez<br>ils　s'asseyent | je　m'asseyais[1]<br>tu　t'asseyais<br>il　s'asseyait<br>n.　n. asseyions<br>v.　v. asseyiez<br>ils　s'asseyaient | je　m'assis<br>tu　t'assis<br>il　s'assit<br>n.　n. assîmes<br>v.　v. assîtes<br>ils　s'assirent | je　m'**assiérai**[1]<br>tu　t'**assiéras**<br>il　s'**assiéra**<br>n.　n. **assiérons**<br>v.　v. **assiérez**<br>ils　s'**assiéront** |
| *s'assoyant*[2] | je　m'assois[2]<br>tu　t'assois<br>il　s'assoit<br>n.　n. assoyons<br>v.　v. assoyez<br>ils　s'assoient | je　m'assoyais[2]<br>tu　t'assoyais<br>il　s'assoyait<br>n.　n. assoyions<br>v.　v. assoyiez<br>ils　s'assoyaient | | je　m'**assoirai**[2]<br>tu　t'**assoiras**<br>il　s'**assoira**<br>n.　n. **assoirons**<br>v.　v. **assoirez**<br>ils　s'**assoiront** |
| **61. pleuvoir**<br>*pleuvant*<br>*plu* | il　pleut | il　pleuvait | il　plut | il　**pleuvra** |
| **62. falloir**<br>*fallu* | il　faut | il　fallait | il　fallut | il　**faudra** |

22

| 条 件 法 | 接 続 法 | | 命 令 法 | 同 型 |
|---|---|---|---|---|
| 現 在 | 現 在 | 半 過 去 | | |
| je saurais<br>tu saurais<br>il saurait<br>n. saurions<br>v. sauriez<br>ils sauraient | je **sache**<br>tu **saches**<br>il **sache**<br>n. **sachions**<br>v. **sachiez**<br>ils **sachent** | je susse<br>tu susses<br>il sût<br>n. sussions<br>v. sussiez<br>ils sussent | **sache**<br><br>**sachons**<br>**sachez** | |
| je verrais<br>tu verrais<br>il verrait<br>n. verrions<br>v. verriez<br>ils verraient | je voie<br>tu voies<br>il voie<br>n. voyions<br>v. voyiez<br>ils voient | je visse<br>tu visses<br>il vît<br>n. vissions<br>v. vissiez<br>ils vissent | vois<br><br>voyons<br>voyez | **revoir** |
| je voudrais<br>tu voudrais<br>il voudrait<br>n. voudrions<br>v. voudriez<br>ils voudraient | je **veuille**<br>tu **veuilles**<br>il **veuille**<br>n. voulions<br>v. vouliez<br>ils **veuillent** | je voulusse<br>tu voulusses<br>il voulût<br>n. voulussions<br>v. voulussiez<br>ils voulussent | **veuille**<br><br>**veuillons**<br>**veuillez** | |
| je vaudrais<br>tu vaudrais<br>il vaudrait<br>n. vaudrions<br>v. vaudriez<br>ils vaudraient | je **vaille**<br>tu **vailles**<br>il **vaille**<br>n. valions<br>v. valiez<br>ils **vaillent** | je valusse<br>tu valusses<br>il valût<br>n. valussions<br>v. valussiez<br>ils valussent | | 注 命令法はほとんど用いられない. |
| je m'assiérais[1]<br>tu t'assiérais<br>il s'assiérait<br>n. n. assiérions<br>v. v. assiériez<br>ils s'assiéraient | je m'asseye[1]<br>tu t'asseyes<br>il s'asseye<br>n. n. asseyions<br>v. v. asseyiez<br>ils s'asseyent | j' m'assisse<br>tu t'assisses<br>il s'assît | assieds-toi[1]<br><br>asseyons-nous<br>asseyez-vous | 注 時称により2種の活用があるが,<br>(1)は古来の活用で,<br>(2)は俗語調である.<br>(1)の方が多く使われる. |
| je m'assoirais[2]<br>tu t'assoirais<br>il s'assoirait<br>n. n. assoirions<br>v. v. assoiriez<br>ils s'assoiraient | je m'assoie[2]<br>tu t'assoies<br>il s'assoie<br>n. n. assoyions<br>v. v. assoyiez<br>ils s'assoient | n. n. assissions<br>v. v. assissiez<br>ils s'assissent | assois-toi[2]<br><br>assoyons-nous<br>assoyez-vous | |
| il pleuvrait | il pleuve | il plût | | 注 命令法はない. |
| il faudrait | il **faille** | il fallût | | 注 命令法・現在分詞はない. |

# NUMÉRAUX（数詞）

| CARDINAUX（基数） | ORDINAUX（序数） | CARDINAUX | ORDINAUX |
|---|---|---|---|
| **1** **un, une** | **premier**（**première**） | **90** **quatre-vingt-dix** | **quatre-vingt-dixième** |
| 2 deux | deuxième, second（e） | 91 quatre-vingt-onze | quatre-vingt-onzième |
| 3 trois | troisième | 92 quatre-vingt-douze | quatre-vingt-douzième |
| 4 quatre | quatrième | **100** **cent** | **centième** |
| 5 cinq | cinquième | 101 cent un | cent（et）unième |
| 6 six | sixième | 102 cent deux | cent deuxième |
| 7 sept | septième | 110 cent dix | cent dixième |
| 8 huit | huitième | 120 cent vingt | cent vingtième |
| 9 neuf | neuvième | 130 cent trente | cent trentième |
| **10** **dix** | **dixième** | 140 cent quarante | cent quarantième |
| 11 onze | onzième | 150 cent cinquante | cent cinquantième |
| 12 douze | douzième | 160 cent soixante | cent soixantième |
| 13 treize | treizième | 170 cent soixante-dix | cent soixante-dixième |
| 14 quatorze | quatorzième | 180 cent quatre-vingts | cent quatre-vingtième |
| 15 quinze | quinzième | 190 cent quatre-vingt-dix | cent quatre-vingt-dixième |
| 16 seize | seizième | **200** **deux cents** | **deux centième** |
| 17 dix-sept | dix-septième | 201 deux cent un | deux cent unième |
| 18 dix-huit | dix-huitième | 202 deux cent deux | deux cent deuxième |
| 19 dix-neuf | dix-neuvième | **300** **trois cents** | **trois centième** |
| **20** **vingt** | **vingtième** | 301 trois cent un | trois cent unième |
| 21 vingt et un | vingt et unième | 302 trois cent deux | trois cent deuxième |
| 22 vingt-deux | vingt-deuxième | **400** **quatre cents** | **quatre centième** |
| 23 vingt-trois | vingt-troisième | 401 quatre cent un | quatre cent unième |
| **30** **trente** | **trentième** | 402 quatre cent deux | quatre cent deuxième |
| 31 trente et un | trente et unième | **500** **cinq cents** | **cinq centième** |
| 32 trente-deux | trente-deuxième | 501 cinq cent un | cinq cent unième |
| **40** **quarante** | **quarantième** | 502 cinq cent deux | cinq cent deuxième |
| 41 quarante et un | quarante et unième | **600** **six cents** | **six centième** |
| 42 quarante-deux | quarante-deuxième | 601 six cent un | six cent unième |
| **50** **cinquante** | **cinquantième** | 602 six cent deux | six cent deuxième |
| 51 cinquante et un | cinquante et unième | **700** **sept cents** | **sept centième** |
| 52 cinquante-deux | cinquante-deuxième | 701 sept cent un | sept cent unième |
| **60** **soixante** | **soixantième** | 702 sept cent deux | sept cent deuxième |
| 61 soixante et un | soixante et unième | **800** **huit cents** | **huit centième** |
| 62 soixante-deux | soixante-deuxième | 801 huit cent un | huit cent unième |
| **70** **soixante-dix** | **soixante-dixième** | 802 huit cent deux | huit cent deuxième |
| 71 soixante et onze | soixante et onzième | **900** **neuf cents** | **neuf centième** |
| 72 soixante-douze | soixante-douzième | 901 neuf cent un | neuf cent unième |
| **80** **quatre-vingts** | **quatre-vingtième** | 902 neuf cent deux | neuf cent deuxième |
| 81 quatre-vingt-un | quatre-vingt-unième | **1000** **mille** | **millième** |
| 82 quatre-vingt-deux | quatre-vingt-deuxième | | |

**1 000 000** | **un million** | **millionième** ‖ **1 000 000 000** | **un milliard** | **milliardième**